ANDRÉ FAIZI ALVES

A Ciência e o Espírito

da

GESTÃO

1ª Edição – Concisa

New Orleans
Verba Publications
2015

Verba Publications
Copyright © 2014 André Faizi Alves
U.S. Library of Congress Registration Number: TXu 1-909-416
ISBN-13: 978-0-9892690-2-5
1st Edição Concisa - Versão Impressa

Edição inglesa:
  Editor Chefe: Terry Fravel
  Editora Assistente: Stephanie Alves
  Revisora: Nancy Markovich
Tradução: Maria Trude da Silva
Revisão: André Faizi Alves
Capa: Irfan Kokabi
Gráficos e tabelas criados pelo autor, a menos que creditado a terceiros.

Para compras em atacado:
wholesale@TheScienceAndSpiritOfManagement.com

Para contato:
Contact@TheScienceAndSpiritOfManagement.com

Impresso por CreateSpace

Dedicado a todos os gestores que se esforçam para atingir excelência, dos quais Dimas R. Martins Jr. é um nobre exemplo.

Conteúdo

Prefácio

A *Ciência e o Espírito da Gestão* é o resultado de experiências de uma vida única, que harmonizam uma carreira profissional extremamente diversificada, estudos acadêmicos, pesquisas, exposição a ensinamentos espirituais, ensino - principalmente nas áreas de Desenvolvimento Organizacional e Organização & Métodos - e, acima de tudo, muita reflexão.

A origem deste livro pode ser atribuída a esforços de *coaching* de gestão que se expandiram por mais de uma década junto a diferentes organizações e indústrias em diferentes países. Esses esforços deram fruto a um material de treinamento muito bem sucedido, até que atingiu sua maturidade em formato de livro. O produto final é um abrangente, porém conciso, levantamento do conhecimento de gestão que traz significativas contribuições ao desempenho de todo e qualquer gestor, independente da fase em que sua carreira se encontra.

De início, o material para este livro estava voltado para gestores com carência de uma exposição mais significativa à teoria da gestão. Contudo, com base em um novo paradigma que concilia a natureza humana com o verdadeiro propósito das organizações, ele evoluiu para conter uma explicação coerente do que é gestão e o que os gestores devem fazer. Portanto, este material pode, certamente, ser de grande benefício para todos - desde aspirantes e novos, até mesmo, gestores veteranos.

Os benefícios adquiridos por gestores que dominam a teoria da gestão podem ser comparados aos dos músicos que aprendem teoria musical.

Para começar, a maioria das pessoas que não são musicistas experimenta a música como um todo. Ou seja, as pessoas nesta categoria dificilmente, ou de modo algum, são capazes de identificar notas, escalas, acordes, melodia, etc. Existem também aqueles que aprendem a tocar música de ouvido. Ainda assim, sem o conhecimento de teoria musical, músicos que aprendem a tocar só de ouvido têm dificuldade em produzir algo novo. Seu aprendizado é alcançado principalmente pela reprodução, o que significa que tendem a incorporar, sem distinção, tanto os pontos fortes quanto fracos daqueles a quem copiam. A teoria fornece o mecanismo que facilita o desenvolvimento e a transposição das ideias do abstrato para o mundo concreto. Ela propicia liberdade e avanço.

O mesmo acontece com a maioria das pessoas em gestão. Portanto, o objetivo aqui é ajudar os gestores a aprender a teoria e desenvolver as habilidades que lhes permitam ver além do todo e ir além da "gestão de ouvido".

Gestores não devem se acostumar a executar suas obrigações simplesmente:

- *Copiando as melhores práticas* - Por exemplo, departamentalização é um conceito que pode ser facilmente negligenciado porque os gestores, muitas vezes, se sentem confortáveis com a forma de organizar o trabalho em sua área de especialização. Ironicamente, quando as organizações precisam de ajuda, os consultores contratados, muitas vezes, dedicam uma parte considerável de seus esforços para redepartamentalizar e reestruturar a organização.

- *Confiando na sinergia criada pelos membros da organização* - Apesar de uma gestão ineficaz, a sinergia pode ajudar muitas organizações a sobreviverem por mais tempo do que se poderia esperar. Independentemente de sinergia, se a expectativa é de que a organização prospere, em algum momento, uma boa gestão torna-se necessária.

Todo indivíduo que é sério quanto a ser um gestor deve dedicar algum tempo para ler e estudar pelo menos alguns livros que exploram conceitos básicos de gestão. É essencial que as pessoas possuam fundamentos intelectuais sólidos a fim de que possam se empoderar para alcançar excelência em seus empreendimentos e, assim, melhor contribuir para a sociedade.

Introdução

A Ciência e o Espírito da Gestão aborda o tema da gestão sob a luz do novo paradigma da unicidade da humanidade. Este paradigma facilita a explicação do papel da gestão na formação e funcionamento das organizações como sistemas orgânicos verdadeiramente harmonizados com o conceito de seres humanos como seres sociais e espirituais.

Ao contrário do que muitos pensam, as perguntas *O que é gestão?* e *O que um gestor deve fazer?* em verdade, têm sido difíceis de responder, embora o tema gestão venha sendo objeto de interesse ao longo dos séculos.

Não obstante tal dificuldade, ilustres contribuições foram feitas principalmente pelo grupo de pensadores que constituiu a Escola Clássica de Gestão[1], com destaque especial para Henri Fayol (1841-1925).

Infelizmente, em vez de construírem sobre as contribuições anteriores, as gerações, desde a Escola Clássica, escolheram um caminho para o desenvolvimento da disciplina que fez com que o conceito de gestão e a explicação das funções do gestor se tornassem mais elusivas do que já haviam sido.

Evidências dessa falta de clareza podem ser inferidas a partir:

- Das atuais variações na definição[2] do que é gestão e nas explicações de o que os gestores devem fazer.

- Da falta de uma padronização no uso de muitas das terminologias necessárias à compreensão da disciplina de gestão, tais como papéis, características, estilos, técnicas, métodos, departamentalização e delegação.

- Da conhecida crítica[3] que manifesta insatisfação com relação à capacidade das instituições de ensino de preparar seus estudantes para servir adequadamente como gestores.

- Da prática comum de promover pessoas para seu primeiro cargo gerencial devido, principalmente, a seu conhecimento não-gerencial.

- Do desejo de muitos de substituir gestores por líderes.

Pelo menos três fatores estão na raiz dessa dificuldade em esclarecer o assunto de gestão:

1. O foco desproporcional na necessidade de aquisição de conhecimento não-gerencial de áreas especializadas, em detrimento do aprendizado dos princípios básicos que regem a disciplina.

2. A abstrata noção de fronteiras articulada por meio da ideia de níveis de gestão e a dinâmica entre estes. O fato é que as funções de gestão são, em essência, a mesma em todos os níveis, embora rece-

bam atenção diferenciada e suas características variem um pouco, dependendo do nível.

3. A adoção de um conceito da natureza humana que leva a um desalinhamento do verdadeiro propósito das organizações, ou seja, a aceitação da crença de que a busca por lucro individual pode desconsiderar o bem-estar social.

Assim, este livro aborda o tema da gestão com a noção de que um gestor é um dos muitos componentes que devem trabalhar em harmonia a fim de possibilitar a existência de organizações saudáveis. Isto significa que, embora seu trabalho precise ser realizado a partir de posições hierárquicas distintas na estrutura organizacional, isto não exime os gestores de uma "ética de reciprocidade e equilíbrio" preconizada pelo princípio da "unidade na diversidade".

> A ordem social sustentável distingue-se, entre outras coisas, por uma ética de reciprocidade e equilíbrio em todos os níveis da organização humana. Uma analogia relevante é a do corpo humano: aqui, milhões de células colaboram para tornar a vida humana possível. A impressionante diversidade de forma e função conecta-as em um processo ao longo da vida de dar e receber. Representando a mais alta expressão de unidade na diversidade. Dentro de tal ordem, o conceito de justiça está incorporado no reconhecimento de que os interesses do indivíduo e da comunidade em geral são inextricavelmente ligados. A busca de justiça

dentro do cenário da unidade (na diversidade) fornece um guia para a deliberação coletiva e de tomada de decisão e oferece um meio pelo qual a unidade de pensamento e ação podem ser alcançados.[4]

Comunidade Internacional Bahá'í

A edição *completa* deste livro está dividida em três partes como seguem:

Parte I - FUNDAÇÃO - A Parte I direciona a atenção para dois componentes-chave no âmbito da disciplina de gestão, a saber, Seres Humanos e Organizações. A importância de explorar estes componentes se baseia no fato de que, dependendo de como são conceituados, a compreensão e a prática da disciplina de gestão assumem direções significativamente distintas. Além disso, a Parte I identifica algumas esferas de trabalho em que os gestores podem e, em alguns casos, devem operar. Ao todo, o conhecimento acima deve despertar a consciência e melhor preparar os gestores para lidar com uma série de aspectos do seu trabalho que tendem a não ser identificados durante as operações do dia-a-dia.

Parte II - GESTÃO - A Parte II investiga a própria gestão, explorando seu conceito e funções, a abrangência de sua responsabilidade direta, as qualidades pessoais e abordagens dos gestores e diferentes maneiras de implementar gestão compartilhada.

Parte III - SUPLEMENTO - Uma vez que a literatura de gestão é volumosa, a Parte III apresenta tópicos populares classificados como Ferramentas de Gestão, Programas de Gestão e Áreas Funcionais de Especialização de Gestores, de modo a ajudar os gestores a obter um melhor embasamento da disciplina.

1

Seres Humanos

Evidentemente, a fim de se explorar qualquer assunto, o conceito de ser humano merece atenção especial. Em gestão, este conceito é de suma importância porque, consciente ou inconscientemente, ele orienta todos os aspectos do trabalho de um gestor. Entretanto, uma vez que tal empreendimento pode, facilmente, atingir proporções colossais e desviar o foco do tema central deste livro, apenas alguns pontos vitais relacionados a este tópico serão aqui abordados.

Em prol da simplificação, os conceitos existentes sobre a realidade humana podem ser organizados em dois paradigmas.

1. Um paradigma considera os seres humanos nada mais do que animais, algo semelhante a macacos. A diferença entre os outros animais e os seres humanos é que, até o momento, somente os seres humanos conseguiram passar por adaptações biológicas que catapultaram nossa espécie a impor-

tantes avanços, especialmente na área do desenvolvimento do cérebro. Nesta perspectiva, o propósito da vida é satisfazer as necessidades físicas e psicológicas. Esta construção vê os seres humanos como escravos das mesmas leis naturais que governam o reino animal, como a competição, a sobrevivência do mais apto, o domínio sobre territórios geográficos e uma manifestação irrestrita de todos os impulsos físicos.

2. O outro paradigma considera os humanos, seres espirituais. Este paradigma reconhece que o reino animal possui as qualidades de crescimento e reprodução existente no reino vegetal inferior, mais a qualidade dos sentidos. Por sua vez, os humanos possuem as qualidades dos dois reinos anteriores e uma terceira característica, referida como alma[1]. Nesse cenário, a vida do espírito, ou a alma racional, que não é material, não termina com a decomposição do corpo físico[2]. Portanto, um dos principais objetivos do tempo despendido neste planeta é a aquisição de qualidades espirituais como amor, justiça, veracidade, honestidade, lealdade, compaixão e paciência, as quais são necessárias para uma vida de plenitude no outro mundo.

Além disso, essencial para a compreensão da realidade humana é o tema do livre arbítrio[3]. Este poder, que (de acordo com o segundo paradigma descrito acima) não está presente em outros seres, dota os humanos de capacidade para tomar decisões, o que os permite se opor às leis físicas, sociais e espirituais. Por exemplo, mesmo que os seres humanos sejam, por natureza, seres sociais, ao contrário de todas as outras espécies que também dependem da composição social para a sobrevivência, temos muitas vezes explorado nossa própria espécie, agindo, assim, contrário ao princípio básico de cooperação que deve reger nossas organizações. Outro exemplo digno de menção é a capacidade que o nosso livre arbítrio nos dá para cometer suicídio, indo contra nosso instinto de autopreservação.

Acentuando a complexidade do exercício de nosso livre arbítrio está o fato de que as consequências por desobedecer às leis espirituais, sociais e, até mesmo, físicas, nem sempre são óbvias. Estas se tornam ainda menos evidentes à medida que nosso foco move-se das leis físicas para as leis sociais e, das sociais para as leis espirituais. Por exemplo, a consequência de desrespeitar a lei da gravidade é bem clara. Basta considerar o resultado de saltar do topo de um arranha-céu, em vez de usar o elevador ou a escada. Em contraste, as consequências por desobedecer as leis sociais podem ser menos evidentes. Ao transgredir um sinal de trânsito vermelho, pode-se causar um acidente, receber uma multa ou simplesmente seguir adiante sem qualquer resultado negativo aparente. Por sua vez, consequências por desconsiderar as leis espirituais, como justiça, podem não ser de todo compreendidas e, por isso, ser completamente ignoradas. Ainda mais difícil de perceber são as consequências que a falta de respeito a uma lei em uma determinada realidade tem sobre outras realidades.

Assim, ter uma consciência clara de um conceito de ser humano faz-se necessária, a fim de que os gestores possam melhor alinhar seus pensamentos e ações com teorias e operações. Além disso, a implementação de tal proposta requer atenção para a consequência negativa do excesso de aplicação da fórmula de departamentalização - isto é, a falsa noção de que é possível separar a vida em áreas desconexas. Família, vida profissional, religiosa, política e social são algumas das áreas que muitos tentam departamentalizar. Como resultado, é comum encontrar pessoas que professam a adesão a uma crença, mas são inconsistentes através de diferentes contextos, por exemplo, amar uns aos outros na igreja, enquanto adotam princípios de animais selvagens no mundo dos negócios.

Não é o que você sabe que faz você se meter em apuros. É o que você sabe que não é verdadeiro.

Autor desconhecido

2

Organizações

Assim como o conceito de ser humano, o conceito de organizações, que é um desdobramento do primeiro, é de fundamental importância para o desempenho do gestor. Afinal, é no contexto organizacional que os gestores existem. Ainda assim, muitos gestores estão acostumados a adentrar todos os dias em suas organizações, sem jamais pensar em quão alinhada está a organização a sua verdadeira realidade. Essa consciência é importante porque da mesma forma que nosso livre arbítrio permite irmos contra a natureza, também nos permite ir contra o verdadeiro propósito da organização.

> *Admitindo-se que eficiência é essencial em tudo o que vale a pena ser feito, não devemos esquecer que a eficiência jamais é um fim em si mesmo. Ela deve ter sempre um objetivo e propósito e só pode se justificar por meio do mérito desse propósito. Dignidade na esfera industrial pode se referir a apenas uma coisa, a saber, à contribuição da indústria para a soma total do bem-estar humano.*

Somente sobre esta base, deve a indústria e todas as suas obras, em última instância, serem julgadas.[1]

James D. Mooney

A noção de organização como *uma associação de pessoas que trabalham visando um objetivo comum* é correta, mas é possível e benéfico aprofundar nossa compreensão sobre este conceito.

O problema com esta definição de organização é que ela tem dado a muitos de nós a oportunidade de esquecer a parte *propósito comum* deste enunciado e, em vez disso, voltar nosso foco para a *associação de pessoas*, subsequentemente, limitando-o ao interesse de um ou poucos indivíduos.

No entanto, se considerarmos as organizações como unidades ou entidades individuais, como muitas vezes fazemos com o conceito de equipes, as decisões dos gestores certamente acomodarão as necessidades e contribuições de todos os envolvidos. Ao mesmo tempo, os interesses isolados que são contrários aos interesses do grupo tornam-se inaceitáveis[2].

Qual conceito torna possível a existência de concorrência dentro da organização? Em qual conceito a chance de haver cooperação é mais provável? Na primeira definição de organizações como associações de pessoas, devido à denotação de multiplicidade, há espaço para agendas individuais, necessidade de negociações, conflitos e muita perda de energia. Em outras palavras, quando o foco é deslocado para os indivíduos, as condições para concorrência interna são criadas.

No conceito de organização como uma unidade, as questões contraproducentes desaparecem. Os interesses dos indivíduos e os da organização - ou seja, das partes e do todo - tornam-se naturalmente harmonizados. Além disso, o potencial dos indivíduos e do grupo pode se manifestar ao máximo. Neste modo de operação - o grupo, a unidade não compete consigo mesmo.

A elaboração da Comunidade Internacional Bahá'í referente a analogia de Bahá'u'lláh que compara a sociedade ao corpo humano apresenta precisamente a ideia que está sendo transmitida:

> *A sociedade humana não é composta de uma massa de simples células diferenciadas e sim de associações de indivíduos, cada um dos quais dotado de inteligência e vontade; no entanto, os modos de funcionamento que caracterizam a natureza biológica do homem ilustram os princípios fundamentais da vida. O principal deles é o da unidade na diversidade. Paradoxalmente, é precisamente a totalidade e complexidade da ordem que constitui o corpo humano - e a perfeita integração das células do corpo a essa ordem - que permite a plena realização das capacidades distintivas inerentes a cada um desses elementos componentes. Nenhuma célula vive separada do corpo, seja contribuindo para o seu funcionamento, seja derivando sua parte do bem-estar do todo. O*

> bem-estar físico assim alcançado encontra seu propósito quando torna possível a expressão da consciência humana; ou seja, o propósito do desenvolvimento biológico transcende a mera existência do corpo e de suas partes.
>
> O que é verdadeiro para a vida do indivíduo encontra paralelos na sociedade humana. A espécie humana é um todo orgânico, o coroamento do processo evolucionário. O fato de a consciência humana necessariamente funcionar através de uma infinita diversidade de ideias e motivações individuais não nega, de modo algum, sua unidade essencial.[3]
>
> Comunidade Internacional Bahá'í

E acrescenta,

> Uma vez que o conjunto da humanidade é uno e indivisível, cada membro da raça humana nasce neste mundo como um guardião do todo. Essa custódia constitui o fundamento moral da maioria dos outros direitos* - principalmente os econômicos e sociais...[4]
>
> Comunidade Internacional Bahá'í

---

* Declaração Universal dos Direitos Humanos adotada pela ONU.

3

Funções de Gestão

Gestão é uma função da divisão do trabalho[1]. Em outras palavras, com o advento do e subsequente aumento da complexidade da divisão do trabalho, uma ocupação especial se tornou necessária para auxiliar o trabalho dividido a funcionar como uma unidade.

Ao longo do tempo, como tudo neste mundo contingente, a gestão também tem evoluído. Tem evoluído em função de fatores como tamanho e complexidade das organizações, níveis de tecnologia, níveis de estresse colocado sobre os gestores, contextos sociais e maturidade humana. Apesar da evolução, a essência da gestão permanece a mesma. Inclusive, mudança em nível de gestão, área funcional e de indústria não alteram sua essência. As características das funções de gestão[2] podem variar e as funções devem ser empregadas em maior ou menor grau dependendo de onde o gestor está posicionado. Ainda assim, a gestão é uma realidade única.

Assim, uma definição de gestão que leva em consideração sua essência e a reconcilia com o conceito de ser humano como ser social e espiritual pode ser:

Gestão é o trabalho de facilitar a produção coletiva de entregáveis.

Tal empreendimento é caracterizado por um conjunto de funções específicas executadas por indivíduos ou equipes que ocupam posições hierárquicas na estrutura das organizações que lhes permitem ter uma visão panorâmica vantajosa. Este arranjo permite que indivíduos ou equipes de gestão assumam macro-responsabilidades sobre os campos abrangidos por suas "visões". Esses campos podem conter partes ou a totalidade de uma organização e podem, até mesmo, estar relacionados com áreas externas à instituição. Em última instância, o objetivo é que a gestão facilite a integração e dinâmicas resultantes entre os trabalhos que foram divididos, de forma a produzir entregáveis coletivos.

No dia-a-dia, os gestores devem centrar seu foco na manutenção e avanço da organização. Não obstante a costumeira atenção dada à produção diária, esse esforço de facilitação abrange todo o ciclo de vida organizacional, incluindo as fases de formação e dissolução.

Uma das implicações deste conceito de gestão é que os gestores são corresponsáveis pelos entregáveis (pelos resultados do trabalho, e não pelo trabalho) das pessoas afetadas por seu esforço de facilitação. Essa corresponsabilidade existe independentemente das funções de gestão serem executadas com ou sem o envolvimento de reportes diretos. Gestores não podem evitar o fato de que tudo o que fazem afeta não só positiva, mas também negativamente, o trabalho de seus reportes diretos e da organização como um todo.

Um simples exemplo, mas ainda assim apropriado para ajudar com a visualização desse papel singular desempenhado pela gestão, é o de um gestor que é pouco, ou nada, envolvido com a execução do trabalho atribuído a seus reportes diretos. Por não estar diretamente envolvido com a execução do trabalho realizado nas diversas estações de trabalho, o gestor tem a perspectiva e liberdade para ver o que está acontecendo de uma forma global. Ao fazê-lo, o gestor está mais bem posicionado para tentar descobrir como corrigir e melhorar as coisas através de uma abordagem macro.

Suponhamos, por exemplo, que a estação de trabalho E não está tendo um bom desempenho devido a inconsistências na qualidade do insumo que está recebendo. Ao diagnosticar e analisar a questão, o gestor conclui que a origem do problema está localizada na estação de trabalho B (várias estações de trabalho, antes de E). Em tal contexto, provavelmente se provaria como muito desestabilizador caso o indivíduo da estação de trabalho E tentasse resolver o problema por conta própria. Mais adequado seria a estação de trabalho E ter poderes para resolver certos problemas diretamente com estações de trabalho imediatamente adjacentes, tais como as estações de trabalho D e F.

É importante ter em mente que, apesar dos gestores terem a melhor visão, eles não podem ver tudo, especialmente em sistemas muito complexos e dinâmicos. Consequentemente, o conceito de envolvimento de reporte direto com a execução de gestão não somente é desejável, mas também importante. Esta ideia de envolvimento de reporte direto pode ser também corroborada pelo princípio da justiça e pelo fato de que, apesar de não ser prático que todos sejam responsáveis por cada fase do processo de produção, cada indivíduo é, não obstante, coletivamente responsável pelo bem-estar da organização.

As funções de gestão podem ser divididas em três grupos: função de liderança, funções centrais e funções complementares.

1. Função de Liderança

   Inicia o processo de unificação das pessoas em torno de empreendimentos e mantém a unidade do grupo.

2. Funções Centrais

   a. *Planejamento* - Esboça o sistema; planeja o trabalho, independentemente de sua abrangência.

   b. *Organização* - Detalha a organização do trabalho e as especificações das provisões a serem obtidas.

   c. *Provisionamento* - Adquire externamente e/ou desenvolve *in-house* as provisões necessárias para criar o trabalho e as posiciona de acordo com o que foi planejado e organizado.

d. *Coordenação* - Coordena o fluxo de entregáveis entre áreas de trabalho e entre a organização e os agentes externos.

3. Funções Complementares

a. *Monitoramento* - Monitora o estado das provisões e funcionamento do sistema levando em consideração as realidades externas, fazendo ajustes quando necessário.

b. *Apoio* - Apoia reportes diretos e outros, quando possível, incluindo agentes externos, para garantir o bem-estar, melhorar o desempenho e incrementar o progresso da organização.

c. *Modelagem Cultural* - Modela a cultura para garantir que os reportes diretos na área de trabalho e, consequentemente, na organização, tenham a postura correta para sustentar um desempenho que esteja alinhado com a estratégia.

d. *Vinculação* - Ajuda a esclarecer o que está acontecendo nas diversas áreas internas e externas com o intuito de fortalecer a unidade e cooperação geral.

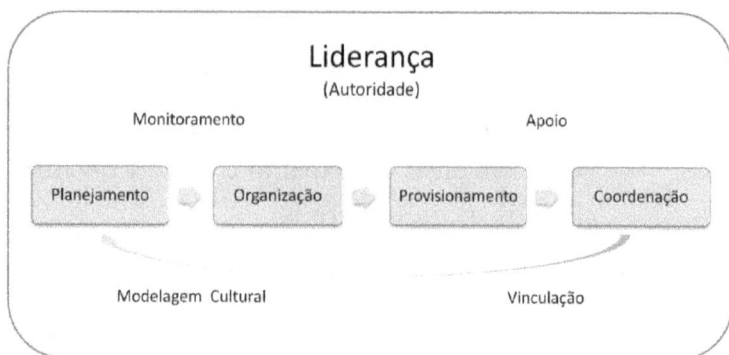

Figura 3

Na prática, alguns dos motivos que dificultam uma visualização segmentada e sequencial da execução das funções centrais de gestão são os seguintes:

- *Existência de níveis de gestão* - Esta realidade cria vários ciclos de gestão paralelos em uma organização, cada um frequentemente afetado por e, às vezes, um pouco fora de sincronia em relação aos outros. Por exemplo, planejamento operacional só pode ser iniciado pela gestão de nível mais baixo após a gestão superior ter concluído o planejamento estratégico e, assim, passar a executar outras funções. Consequentemente, é também possível que a gestão de nível mais baixo venha a ter a maioria de suas provisões já definidas e adquiridas pela gestão superior, o que implica, para o nível mais baixo de gestão, que o Provisionamento pode ser realizado antes de Planejamento.

- *Fase conceitual das funções* - A fase conceitual de algumas das funções devem ser formalmente tratadas antes de sua implementação. Por exemplo, o trabalho conceitual de Organização deve vir antes de Provisionamento. Provisionamento antes de Organização conceitual indica a falta de um plano. Com relação a este último ponto, durante o Planejamento, uma quantidade razoável de conceituação deve ser realizada para Organização, Provisionamento, Coordenação e assim por diante.

- *Diferença entre operação contínua e projetos, independente do tamanho* - Durante as operações contínuas, as execuções de todas as funções de gestão em todos os níveis de gestão são cíclicas. Este nem sempre é o caso com os projetos, os quais geralmente se espera que sejam não-cíclicos.

- *Execução dispersa de funções de gestão com a finalidade de manutenção e desenvolvimento* - Todas as funções de gestão devem, ocasionalmente, ser executadas como parte da manutenção contínua e do desenvolvimento do sistema, mesmo que sua fase em um ciclo já tenha passado. Tais ações são frequentemente realizadas em reuniões com a intenção de ajustar os diversos entregáveis de gestão. Por exemplo, a necessidade de ajustar o fluxo de caixa pode exigir uma execução pontual de Planejamento e Provisionamento. A execução dispersa de funções de gestão ocorre em todos os níveis de gestão.

- *Existência de subciclos de gestão* - No decorrer das operações regulares, algumas esferas de trabalho, como por exemplo, Atividade, muitas vezes possuem ciclos de vida mais curtos, normalmente semanais ou mensais. Assim sendo, faz-se necessário a execução das funções centrais de gestão também em ciclos mais curtos.

3.1 Função de Liderança

Liderança[3] é tanto um assunto de excepcional interesse no mundo da gestão, quanto um desafio.

Para começar, a palavra liderança representa coisas diferentes. Às vezes, significa uma posição hierárquica, outras vezes, uma capacidade ou habilidade. É também sinônimo de autoridade e, até mesmo, de gestão.

Para nosso propósito, a discussão fundamental é a que gira em torno da questão de como liderança está relacionada à gestão. Um grande número de pessoas vê liderança como uma função de gestão, enquanto outras a veem como uma possível evolução da disciplina.

Para aqueles que veem Liderança como uma possível evolução da gestão, a expectativa é a substituição de gestores por líderes. Infelizmente, parece irrealista esperar que líderes, conforme descrito por este grupo, devam se concentrar em alguns aspectos da gestão e ignorar outros. Isto é especialmente verdade em níveis de gestão mais baixos. Imagine, por exemplo, novos funcionários, com pouco conhecimento e experiência, sendo motivados para realizar visões e objetivos, sem alguém ajudando com Organização, Coordenação e Monitoramento. Em outras palavras, as funções que estão associadas à liderança não abarcam todas as necessidades de gestão.

Talvez, uma boa parte da evolução que muitos gostariam que acontecesse parece estar baseada na expectativa de mudança de atitude por parte dos gestores. Essa mudança seria, então, refletida na forma como os gestores exercem sua autoridade ou como desempenham suas funções: com justiça, respeito, envolvimento dos reportes diretos e assim por diante.

Embora os gestores possam ser controladores, rudes ou ditatoriais, sua transformação em líderes não vai resolver o principal problema subjacente. A força motriz por trás de satisfazer o ego sendo o número um, conquistando poder, privilégios e mandando nas pessoas ao seu redor, pode ser encontrada tanto na "cobiça por liderança"[4] como na gestão ditatorial. Não é sem razão que, ao longo da história, a cobiça por liderança tem sido uma das maiores fontes de problemas para a humanidade. Embora esse problema, historicamente, tenha sido documentado em conexão com assuntos de religião e governo, também tende a ocorrer em ambientes organizacionais.

Em essência, isto significa que a liderança, inclusive em um ambiente organizacional, não está imune do mesmo comportamento disfuncional observado em gestão ditatorial. Contrário à realidade de uma organização, um indivíduo egoísta tentará sempre satisfazer seus próprios interesses pessoais, desconsiderando os do grupo, não importa o custo. Os meios podem mudar, mas o objetivo final é sempre o mesmo: satisfação pessoal exclusiva. Tal pessoa certamente não hesita em explorar os outros. Este dilema gera a questão - qual é a melhor alternativa: ser controlado por um gerente ditatorial ou ser manipulado por um líder carismático?

Felizmente, também é possível encontrar líderes e gestores que se posicionam como instrumentos de bem-estar coletivo. Definitivamente, o problema não é com a liderança ou gestão em si, mas como os seres humanos optam por executar esses serviços.

A relevância da liderança não deve ser ignorada ou atenuada pelo fato dela poder ser mal empregada. Pelo contrário, a liderança é necessária para iniciar e facilitar processos de unificação e para ajudar a alinhar as ações em empreendimentos coletivos. Por exemplo, se cinco pessoas tentam, ao mesmo tempo, iniciar uma reunião com diferentes temas, locais e demais pormenores, as etapas para ajustar todos estes eventos serão extremamente complicadas. Também, é frequente o caso em que quando a responsabilidade é distribuída entre muitas pessoas, nada acontece. Por outro lado, se uma pessoa inicia o processo, torna-se muito mais fácil para todos ajustar agendas individuais, aceitar um único convite e, assim, ajudar o movimento unificador a avançar.

Talvez seja correto considerar a liderança como a primeira função de gestão, a função que dá o primeiro passo, que dá início às coisas. Isto não significa que não deve haver espaço para a iniciativa individual por parte dos reportes diretos. A iniciativa individual de reportes diretos deve ser encorajada dentro de suas esferas de responsabilidade.

Porque as rédeas do avanço social estão passando para as mãos da coletividade, outros encargos atribuídos à liderança, como apresentação de visões, determinação de objetivos e criação de planos, estão se tornando cada vez menos responsabilidade de indivíduos e tornando-se cada vez mais empreendimentos coletivos.

Na verdade, é impossível para qualquer um, incluindo gestores de alto escalão, alegar que uma ideia é somente dele ou dela. Por exemplo, se uma pessoa afirma ter tido a ideia de construir o primeiro arranha-céu, é porque alguém já teve a ideia de construir um prédio alto e, antes disso, um prédio baixo, uma casa, uma barraca e procurar abrigo em uma caverna, talvez seguindo o exemplo de animais. No final das contas, "sucesso (sempre) tem muitos pais".

O ponto é que, neste plano físico, o desenvolvimento humano requer interação social. Deixado sozinho e sem instrução, e se conseguir sobreviver como um animal selvagem, o ser humano não conseguirá progredir nem produzir coisa alguma. Por esta razão, temos que ser justos e humildes, e aceitar que as contribuições individuais dependem de nossas interações com o nosso ambiente.

O homem é orgânico com o mundo. Sua vida interior molda o ambiente e é, em si mesma, também profundamente afetada por ele. Um age sobre o outro e toda mudança permanente na vida do homem é resultado dessas reações mútuas.[5]

De uma carta escrita em nome de Shoghi Effendi

Consequentemente, o ideal é que iniciativas como a criação de visões ou a tomada de decisão de qual rumo seguir, sejam levadas a cabo coletivamente através de uma função de gestão como Planejamento. Evidentemente, tais inciativas necessitam acomodar praticidade. No contexto de grupos extremamente grandes, a participação universal é mais facilmente alcançada por meios indiretos; enquanto em grupos pequenos, pode ser realizada através de participação geral direta. De qualquer forma, é sempre certo que quanto mais envolvimento houver na formulação, mais compromisso haverá na execução.

Isto posto, é importante e útil observar que o exercício de liderança pode ser um pouco adaptado, dependendo de fatores como:

a) *Nível de liberdade individual que se tem para participar de esforços coletivos* - Em empresas, o contrato social exige um alto nível de aquiescência à liderança. Isto significa que liderança em tal contexto não precisa depender tanto de motivação, incentivo, empoderamento e assim por diante, a fim de conseguir engajamento. No entanto, e porque gestão tem outras obrigações, é possível, e talvez benéfico, que esses esforços façam parte de outra função, tal como Apoio.

b) *Se liderança é executada por um indivíduo ou por um grupo de pessoas, como equipes, comissões, comitês ou assembleias* - como instituições raramente têm seus membros implementando decisões em conjunto, esta peculiaridade diminui ligeiramente a necessidade dos membros individuais demonstrarem publicamente uma série de qualidades relacionadas com a função de liderança. Na verdade, os membros da instituição devem manter uma atitude discreta e deixar a instituição ser o centro das atenções.

Por outro lado, como a opção de manter uma atitude discreta não é tão realista no caso da liderança executada por um único indivíduo, é fundamental que este a execute servindo como um bom modelo. Mais do que qualquer outra pessoa, o líder individual deve ser capaz de exemplificar o que precisa ser feito. "Faça o que eu digo, mas não faça o que eu faço" não é, definitivamente, um princípio conducente à ação coletiva. O poder do exemplo é altamente valorizado por todos, especialmente em contextos de esforço coletivo, onde se espera que as pessoas compartilhem os benefícios e lidem juntas com os problemas. Gestores devem respaldar suas palavras com ações, ou *"walk the talk"*.

Além de qualidades como determinação e perseverança, um líder deve ter a coragem como uma de suas principais características. Não é incomum encontrar gestores que têm medo de agir em circunstâncias difíceis. Em tais ocasiões, às vezes eles tentam ignorar o problema, transferir a responsabilidade de encontrar uma solução a seus reportes diretos ou passar o assunto para colegas ou superiores. Se gestores devem verdadeiramente executar a função de liderança, é essencial que tenham coragem de dar o primeiro passo, o que pode ser a convocação de reunião para tomada de decisão coletiva.

Como resultado, para executar a função de liderança, é necessário que o gestor possua certas qualidades intrínsecas, embora seja interessante notar que charme e falsa retórica não estão entre elas. Pode-se ou não ser extrovertido, ser um bom orador, ser o centro das atenções e assim por diante. Desde que o comportamento de uma pessoa seja digno de ser emulado, ela tem capacidade de liderar.

> *Que sejam atos, e não palavras, vosso adorno.*[6]
> Bahá'u'lláh

3.1.1 Autoridade

Um dos requisitos para a existência de ordem em uma organização é a diferenciação entre seus membros.

> *Graus são absolutamente necessários a fim de assegurar uma organização devidamente ordenada.*[7]
> 'Abdu'l-Bahá

Uma maneira pela qual tal diferenciação em grau é obtida é por meio do poder de autoridade. Sem este, empreendimentos sociais terminam mergulhando no caos e se desintegrando. Assim sendo, qualquer estrutura em conformidade com o princípio de "graus", inevitavelmente, terá que assumir um arranjo hierárquico. Por outro lado, uma organização plana, ou qualquer outra estrutura que ignora este princípio, é tão irreal quanto anarquia.

Como tal, autoridade[8] é um ingrediente essencial da gestão. Na ausência dela, os gestores correm o risco de não poder executar as funções de gestão. Não é viável liderar, desempenhar o papel de facilitador ou se envolver no trabalho dos outros sem autoridade formal.

Lamentavelmente, autoridade é frequentemente um dos poderes mais complicados e difíceis de ser corretamente empregado, para não mencionar quando é utilizada de forma maliciosa.

Em relação à sociedade, o uso de autoridade pelos gestores de instituições é relativamente simples e direto; e, não é uma fonte comum de desafio. Em geral, a sociedade não se importa como a autoridade molda o trabalho dos gestores dentro das organizações, ou seja, como afeta o modo como eles executam suas funções de Planejamento, Organização e assim por diante. A sociedade, através do governo, investe uma ou mais pessoas (em geral, gestores de alto escalão) de autoridade, principalmente para representar oficialmente a organização em suas relações com agentes externos, tais como fornecedores, parceiros, clientes e agências do governo.

Internamente, contudo, a autoridade se torna um problema quando os gestores agem fazendo intervenções, sem executar uma ou mais das funções centrais e/ou complementares. Alguns exemplos disso são o estabelecimento de direções para a organização sem Planejamento, priorização de tarefas de reportes diretos sem levar em consideração a função de Organização - ou seja, sem uma visão clara da carga de trabalho dos reportes diretos - e a substituição de reportes diretos com base em razões pessoais de modo algum relacionadas à organização. Em outras palavras, o poder de autoridade não deve ser usado como um fim em si mesmo. O propósito da autoridade é servir como um meio para tornar as funções de gestão viáveis. Ela capacita gestores a implementar planos, estruturas, conexões, etc., o que poderia facilmente se tornar inútil, caso se permita a qualquer momento, qualquer pessoa fazer oposição e modificações.

Diante disso, é fácil entender porque esta questão acaba se tornando uma grande fonte de problemas. Contudo, uma coisa é empregar autoridade como se fosse uma função, devido à falta de conhecimento. Outra coisa é fazer mal uso desse poder para vantagem pessoal. O ponto é que autoridade não deve ser empregada de forma isolada. Quando exercida, deve sempre ser praticada em prol de uma ou mais funções de gestão.

3.1.2 Autoridade vs. Tomada de Decisão

O poder da autoridade decorre da prerrogativa de se tomar decisões que se tornam obrigatórias para os outros. Consequentemente, muito do que está na raiz da indevida execução de gestão, e "liderança", é a capacidade de tomar decisões que desconsideram as perspectivas dos demais.

A busca por formas de lidar com este problema tão comum não é nova, e a tentativa de secionar as funções do governo em legislativo, executivo e judiciário é um bom exemplo. Neste caso, o esforço está em tentar separar a decisão da execução, e ambas, da arbitragem. No entanto, uma medida em direção a uma solução ainda melhor pode ser encontrada na adoção e aperfeiçoamento da tomada de decisão coletiva.

Enquanto a prática de um exercício saudável de autoridade por parte de indivíduos depende fortemente de sua maturidade espiritual, uma diminuição acentuada no impacto negativo de impulsos egoístas pode ser conseguida ao limitar as pessoas a tomarem decisões sozinhas.

A fim de restringir o abuso de autoridade, ajustes no processo de tomada de decisão organizacional devem ser feitos e complementados por uma série de outras medidas concretas, como melhores políticas e descrições de cargos e melhorias no processo de preenchimento de cargos de gestão.

Isto não significa que a gestão deve ser despojada de sua autoridade ou poder de decisão. Significa que a gestão deve utilizar tomada de decisão em grupo tão frequentemente quanto possível.

Para que as funções de gestão sejam executadas de forma eficaz, não se deve presumir que a tomada de decisão deva se concentrar em um único indivíduo. De fato, conforme discutido anteriormente, o oposto é verdadeiro. Quanto mais envolvimento geral houver, mais a gestão será bem sucedida.

3.2 Funções Centrais

As funções centrais são as funções de gestão que estão mais explicitamente entrelaçadas com a produção de entregáveis.

Por meio de Planejamento, Organização, Provisionamento e Coordenação, os gestores podem aumentar a probabilidade de uma correta unificação das contribuições individuais necessárias para a produção coletiva de entregáveis. Assim, a execução das funções centrais deve ser considerada a principal obrigação dos gestores, e devem ser constantemente mantidas na vanguarda de suas considerações.

3.2.1 Planejamento

Planejamento[13] é um empreendimento que deve abranger feitos como diagnóstico da realidade, definição de objetivos, desenvolvimento de um plano para atingir esses objetivos e definição de indicadores de desempenho para acompanhar o progresso do que foi planejado.

Uma vez que se espera que a maioria de nossas organizações sejam sistemas em contínuo avanço, não é desejável abordar iniciativas organizacionais como esforços isolados e/ou realizados apenas uma vez. Consequentemente, gestores devem abordar Planejamento com uma mentalidade de ciclos progressivos, durante os quais medidas como implementação e monitoramento complementam o processo.

Alguns conceitos que merecem uma atenção especial, devido à sua capacidade distinta de influenciar a formulação de planos e, consequentemente, todos os outros trabalhos organizacionais, são: missões, visões, objetivos e políticas. O valor primordial destes conceitos repousa em seu potencial para auxiliar na orientação e unificação de esforços coletivos. Desde que suas formulações sejam justas, podem ajudar a mente e o coração de todos a focarem nos mesmos empreendimentos. Não obstante, para que essas ideias tenham uma influência que engloba toda a organização, devem ser elaboradas e utilizadas corretamente e, no caso de algumas delas, corretamente desdobradas por toda a organização. Assim, um ou mais destes conceitos devem estar presentes em todos os processos de planejamento e no documento que contem o plano (documento do plano).

De todas as funções de gestão, Planejamento é a que tem o maior potencial para se beneficiar do envolvimento de reportes diretos, especialmente em períodos de grande complexidade ou mudança rápida. Um processo de planejamento conjunto também ajuda a fortalecer um senso de propósito compartilhado, comum.

3.2.1.1 Missão

Missão[14] transmite o propósito da existência de uma organização e, portanto, deve servir como o primeiro ponto de referência para todas as partes interessadas, incluindo as externas. Assim, Missão possui o maior potencial para servir igualmente a todas as áreas da organização. Por isso, se possível, deve ser a primeira ideia unificadora a ser adotada.

Para que uma missão seja útil, um requisito fundamental e extremamente simples é que todos os interessados devem memorizá-la. Para que isso seja possível, a missão deve ser concisa e clara*. Que valor pode ter uma missão, se ninguém se lembra dela? Este ponto não deve ser subestimado. É crucial que a missão seja lembrada e usada por todos na organização. Quando as pessoas não estão unidas ao redor de uma missão, os esforços não podem ser unificados.

Outro ponto especialmente útil que toda missão deve incluir é um fator inspirador. Quanto mais inspiradora for a missão, quanto maior o ideal, mais galvanizadora será. Acima de tudo, a missão deve ser justa. A missão que se destina a beneficiar alguns em detrimento de outros jamais será unificadora.

Por ser o ponto focal e devido a seu alcance, um terceiro fator importante relacionado à aplicabilidade da missão é que esta deve ser tão duradoura quanto possível. Na realidade, deve ser a mais estável de todas as ideias unificadoras. Se possível, a missão deve ser incontestável, enquanto a organização existir. Há, naturalmente, ocasiões em que forças significativas requerem a revisão de

---

* Se desejarem, os gestores podem criar anexos detalhando a missão e salientando princípios.

uma missão. Em tais casos, através da criação de uma nova missão, pode ser possível para a organização continuar a fazer uso de suas provisões, mesmo que o propósito inicial tenha mudado. Se isto acontecer, o processo de formulação de uma nova missão não deve ser tratado de maneira imprudente.

Considerando os pontos acima, um exemplo de missão para uma empresa de roupas chamada *Elegance* poderia ser: *Fornecendo Roupa Elegante*. Isto significa que as qualificações para imagem, produto, serviço, pessoal, infraestrutura, etc., da empresa devem ser guiadas pela ideia de requinte e nobreza que a elegância transmite.

Contudo, porque existem inúmeras maneiras de se concretizar uma missão, sozinha, ela não pode orientar o trabalho das pessoas. É preciso concepções complementares para ajudar ainda mais a unificar pensamentos e ações.

3.2.1.2 Visões

Visões[15] seguem a Missão. Elas compõem a próxima etapa do processo de unificação dos esforços coletivo. Visões reduzem a abundância de opções de como cumprir a missão ao fornecer os primeiros vislumbres do que se espera alcançar.

Assim como missão que, por vezes, é confundida com estratégia, e estratégia que, por sua vez, muitas vezes é confundida com objetivo estratégico, visões, as vezes, são confundidas com objetivos. Esse equívoco pode ocorrer quando, por exemplo, uma visão é muito específica ou um objetivo muito vago. Quando a distinção entre estes não é clara, as organizações tendem a pensar que o que têm é um objetivo.

A principal diferença entre visão e objetivo é que o primeiro geralmente carece de precisão. No entanto, o que falta em precisão é compensado ao apelar para o sentido da visão, o que pode ajudar a despertar emoções e, assim, aumentar a motivação.

A visão realiza tal façanha, servindo como uma imagem mental de um estado desejado da organização ou partes da mesma, tais como suas esferas formal e informal, ou sua posição no mercado, em um futuro próximo, intermediário e/ou distante.

Esta imagem mental oferece aos associados um ponto de referência para onde devem começar a canalizar seus esforços. Assim, começam a pensar sobre qual trabalho deve ser realizado ou ajustado, a fim de cumprir a missão. Por exemplo, a empresa Elegance, mencionada na Missão, possui uma visão para seu futuro de médio prazo, com lojas refinadas e bem reconhecidas, atraindo uma clientela satisfeita e fiel. Esta visão provê unidade de pensamento, mas ainda não tanto de ação.

A visão é vaga, no sentido de que orientações precisas ainda são necessárias para materializá-la. Entre outras coisas, os locais e número de lojas devem ser definidos. A visão deve, então, ser seguida por objetivo(s) estratégico(s), o que a torna mais específica e, em seguida, pelos objetivos operacionais, os quais não deixam espaço para interpretações errôneas. A criação de objetivos, assim, leva à unidade de ação.

3.2.1.3 Objetivos

Objetivos vão além da visão ao fornecer foco, descrever as metas, para onde ir ou o que precisa ser construído ou atingido, de forma simples e inequívoca. Objetivos não dão margem para múltiplas interpretações e, assim, unem ainda mais os esforços coletivos. Fazem isto, focando em características específicas dos alvos a serem atingidos. Sem exatidão, objetivos vagos podem facilmente cair no domínio de intenções.

Por exemplo, alguém que vai viajar nas férias pode se imaginar em uma praia tropical com areia branca e água calma e transparente, em vez de em uma estação de esqui. Para criar um objetivo para esta visão, a pessoa deve identificar com precisão uma praia por localização e até mesmo nome. Com um objetivo em mãos, essa pessoa pode agora desenvolver um plano que determina os participantes, recursos disponíveis e/ou necessários (como dinheiro, transporte e alojamento) e um período de tempo, permitindo a realização do objetivo e a materialização da visão.

Em organizações, metas nem sempre têm um formato físico, claro. Identificação de alvos, por exemplo, raramente pode estar baseada unicamente em locais e nomes. Uma meta, frequentemente, tem de ser identificada ou acompanhada por indicadores quantitativos e/ou qualitativos mensuráveis.

Um objetivo pode ser definido, então, como uma identificação precisa (quantitativa ou qualitativa) do que se espera alcançar como, por exemplo, um aumento de vendas de 30% dentro do prazo de um ano ou uma taxa de satisfação dos clientes de 95% dentro dos próximos seis meses. Este fator de mensurabilidade se torna a base para o desenvolvimento do sistema de monitoramento.

Um acrônimo popular usado para ajudar na formulação de objetivos é o SMART[16]: Specific-Measurable-Attainable-Realistic-Timely; em português: Específico-Mensurável-Atingível-Realista-Feito dentro do prazo. Com o tempo, assim como no jogo telefone-sem-fio, onde a cada transmissão da mensagem original a comunicação vai sendo distorcida, variações deste acrônimo vêm aparecendo. O importante é que algumas ideias básicas devem ser observadas a fim de facilitar a formulação de objetivos.

A seguinte é uma das muitas variações do acrônimo original:

S - Objetivos devem ser suficientemente "específicos" a fim de facilitar a unidade de compreensão.

M - Objetivos devem ser "mensuráveis" a fim de permitir a avaliação do progresso.

A - Objetivos devem "agradar" a todos para que haja boa vontade por parte dos envolvidos na hora da execução.

R - "Recursos" (e "pessoal") devem estar disponíveis para permitir que os objetivos sejam alcançados.

T - Objetivos devem indicar o período a serem alcançados a fim de se cadenciar os esforços em direção à conclusão.

Como planos, que recebem nomes diferentes, objetivos também recebem nomes como Objetivos Estratégicos, Objetivos Corporativos, Objetivos Comerciais e Objetivos Operacionais. Além disso, inconsistência no uso da terminologia também permite variações como "objetivos" para estratégias, "alvos" para operações, e "metas" para orçamentos.

A empresa Elegance poderia ter os seguintes objetivos:

Objetivo Estratégico

Expandir a presença global nos próximos dois anos abrindo uma nova loja na Ásia e outra na Europa.

Objetivos Operacionais

a. Primeiro ano

- Adquirir propriedades em Hong-Kong e Paris nos três primeiros meses (boa sorte!)
- Completar projetos arquitetônicos antes de julho
- Iniciar planejamento da campanha publicitária em junho

- Iniciar construção/reforma das lojas antes de outubro
- Iniciar campanha publicitária em outubro

b. Segundo ano

- Iniciar processos de provisionamento para as lojas em janeiro
- Iniciar novo planejamento de campanha publicitária em março
- Terminar as construções das lojas em maio
- Iniciar novas campanhas publicitárias duas semanas antes das inaugurações
- Inaugurar lojas em junho

3.2.1.4 Planos

O ponto focal do Planejamento é, evidentemente, o plano. Plano é uma apresentação do trabalho que necessita ser realizado. Deve mostrar como os diferentes componentes, com funções e valores atribuídos, se reúnem de forma dinâmica para atingir um propósito que pode ser expresso como uma missão, uma visão ou, mais adequadamente, como um objetivo. Em outras palavras, (em organizações) plano é uma apresentação de como seres humanos e recursos são combinados de forma organizada de modo a permitir que um ou mais processos específicos atinjam um propósito.

Como tal, os planos devem apresentar* o seguinte:

- O trabalho, tais como tarefas e atividades, que deve ser realizado ao longo de certo período para produzir o(s) entregável(ies) desejado(s).

- As (principais) provisões - pessoal e recursos - necessárias para implementar o trabalho.

- Atribuição de funções e valores às (principais) provisões.

- Como as (principais) provisões devem ser agrupadas.

- Processos.

- Como o trabalho deverá ser provido.

Planos (e planejamento) podem ser empregados em diferentes esferas de trabalho e devem ser elaborados em todos os níveis de gestão para todos os tipos de trabalho, tanto formais como informais.

Com uma ampla gama de aplicação, os planos não têm um único formato. Assim, como uma forma de trazer praticidade ao conceito, os planos de gestão podem ser classificados em três grupos, os quais são utilizados de modo desigual, dependendo do nível de gestão:

    a. *Planos Abrangentes* - São planos destinados a atender às necessidades de uma organização como um todo, ou grandes partes desta, durante um longo período. Comparado a outros

---

* As apresentações são mais ou menos pormenorizadas, dependendo do tipo de plano.

51

tipos de planos, os planos abrangentes exigem mais trabalho de base antes da formulação do plano propriamente dito e são elaborados principalmente por gestores de alto e médio nível. Alguns exemplos são: Plano Estratégico Organizacional, Plano de Negócio e Plano de Mudança Estratégica em larga escala.

b. *Planos Restritos* - São planos que tratam de questões normalmente limitadas a uma ou poucas áreas de trabalho, tais como atividades e áreas funcionais. Gestores de nível médio e de nível baixo normalmente são os que mais empregam este tipo de plano. Alguns exemplos são: Plano de Publicidade e Promoção, Plano de Contingência, Plano de Produção, Plano de Mudança Estratégica em pequena e média escala e Plano de Treinamento e Desenvolvimento.

c. *Planos de Ação* - São planos que enfatizam a apresentação de ações sequenciais, como tarefas, pequenas atividades e, vez por outra, uma visão geral de atividades de maior dimensão. Gestores de nível médio e baixo são os que empregam planos de ação com mais frequência. Talvez porque suas aplicações são muito variadas, não existem denominações específicas para planos de ação.

Planos de Ação

Planos de Ação, conforme colocado anteriormente, apresenta uma lista de ações/tarefas e/ou atividades sequencialmente correlatas ou ligadas apresentadas ao longo de uma linha de tempo, com uma indicação clara de quem é responsável pelo quê. Às vezes, planos de ação podem apresentar outras informações, como instruções, recursos necessários e pessoas de apoio.

Uma maneira útil de apresentar planos de ação é através da utilização do gráfico de Gantt como no exemplo a seguir:

Calendário de Elaboração de Orçamento

RESPONSÁVEL	AÇÃO	Out 1	Out 2-9	Out 10-15	Out 16	Out 17-31	Nov 5	Nov 15	Nov 20	Dez 8	Dez 19	Dez 20
Conselho Executivo	1. Distribui plano estratégico											
Comitê de Orçamento	2. Prepara metas financeiras para os departamentos e as envia ao Conselho											
Conselho Executivo	3. Aprova metas e as envia à Controladoria											
Controladoria	4. Distribui formulários de orçamento com metas para departamentos											
Departamentos	5. Enviam propostas de orçamento à Controladoria para revisão e consolidação											
Controladoria	6. Retorna orçamentos que necessitam ajustes aos departamentos responsáveis											
Departamentos	7. Retornam orçamentos revisados à Controladoria											
Controladoria	8. Conclui consolidação dos orçamentos e envia orçamentos individuais e consolidados ao Comitê de Orçamento para análise											
Comitê de Orçamento	9. Conclui análise dos orçamentos, se necessário, em consulta com departamentos; envia orçamentos ao Conselho Executivo											
Conselho Executivo	10. Ajusta orçamentos com o Comitê de Orçamentos, se necessário; envia orçamentos aprovados à Controladoria											
Controladoria	11. Distribui orçamentos aprovados											

Table 3.2.1.4

Documento do Plano - Layout
(Documento contendo o Plano)

O documento contendo o plano acaba por apresentar a maioria dos elementos de um processo de planejamento, e não somente o plano. Esse documento deve ser o primeiro entregável de um gestor.

Embora não seja possível ter um modelo de documento de plano universal, um layout poderia ser:

- Resumo executivo (se aplicável).
- Análise situacional.
- Declaração de objetivo(s) (e, às vezes, também apresentação da missão e da visão).
- Plano - Apresentação do trabalho ao longo de uma linha de tempo necessária para alcançar os objetivos.
  - Apresentação da organização do trabalho.
  - Apresentação das (principais) provisões com suas funções e valores atribuídos.
    - Pessoal.
    - Recursos, tais como tecnologia, equipamentos e finanças.
  - Apresentação de processo(s).
  - Descrição de entregável(is) com valor(es) discriminado(s).
  - Como o trabalho deverá ser provido.
- Demonstrações financeiras (plano em linguagem financeira).

- Discussão de hipóteses (se aplicável).
- Anexos.

3.2.1.5 Políticas

Algumas pessoas não gostam de *Políticas*[17] porque pensam que estas restringem a iniciativa e a criatividade. Políticas devem orientar, e não restringir, a tomada de decisão e ação. Devem servir como balizas, como faróis, conduzindo uma diversidade de mentes na mesma direção. Políticas bem escritas devem fornecer orientações ao delimitar, não eliminar, o leque de opções. Pode-se dizer que políticas são como a urdidura de um tapete em torno do qual os fios são tecidos para formar uma diversidade infinita de tramas.

Um exemplo de uma política para a empresa Elegance poderia ser: "os associados devem usar roupas dignas". Tal política trata da questão da imagem diretamente relacionada com a missão e, ao mesmo tempo, demonstra sensibilidade e flexibilidade para com mudanças de cultura, localização, clima, eventos, moda, tecnologia e assim por diante.

O principal propósito das políticas é o de orientar e garantir o alinhamento organizacional. Esse alinhamento é buscado ao se tentar assegurar aderência, em especial, à missão e às estratégias. Como resultado, as políticas são entregáveis que somente a alta gestão deve produzir.

A criação ou revisão de políticas deve ser um dos primeiros trabalhos conceituais realizados pelos gestores de alto nível, após a conclusão da fase de planejamento estratégico. Este momento é importante porque as políticas, anexadas ao documento do plano estratégico, vão ajudar com o processo de desdobramento por estarem disponíveis no início do processo de planejamento de cada nível de gestão subsequente.

Uma das implicações é que as políticas devem ter expectativa de vida longa, principalmente aquelas que estão diretamente associados com a missão. Ainda assim, não são feitas para durar para sempre e, por isso, podem ser revistas. Sempre haverá ocasiões, mesmo no meio de ciclos operacionais, quando será necessário rever políticas que se tornaram ultrapassadas e restritivas ao avanço. De qualquer forma, a revisão de políticas deve ser encarada com cautela. Processos específicos devem ser estabelecidos para iniciar e levar a cabo mudanças de políticas no meio de um ciclo, já que estas são de longo alcance e mudanças podem levar a consequências imprevisíveis em diferentes partes da organização.

Políticas, em conjunto com outros instrumentos tais como normas e diretrizes, fazem parte do grupo de decisões referidas como *normativas*, ou seja, decisões que estabelecem padrões. Outro conjunto de instrumentos referido como *mandatos*, fornece detalhes sobre a aplicação das decisões normativas. Mandatos incluem regras, regulamentos, instruções, etc. Ambos os grupos de decisões devem ser parte do manual administrativo.

O grau em que as decisões normativas e mandatos são empregados depende do nível de gestão. Enquanto as decisões normativas tendem a transmitir princípios e são normalmente utilizadas pelos níveis de gestão mais altos, os mandatos são, muitas vezes, baseados em situações e normalmente utilizados pela baixa gestão.

Esses dois grupos de decisões não devem ser confundidos um com o outro. Enquanto as decisões normativas devem permitir alguma liberdade, mandatos, por outro lado, são utilizados para situações em que há muito pouca ou nenhuma oportunidade de escolha ou discussão. Embora as decisões devam ser rigorosamente seguidas, mandatos devem ser facilmente modificados. Os contextos em que os mandatos são adotados são mais mutáveis, exigindo decisões destinadas para períodos mais curtos e emitidas em números muito maiores.

Ao ligar conscientemente missões, visões, objetivos, planos, políticas e outros instrumentos de decisão, gestores dão um grande passo em direção à criação de alinhamento em toda a organização.

Funções de Gestão

Breve Descrição dos Principais Entregáveis da Função de Planejamento

Principais Entregáveis	Descrição
Missão	Declaração sucinta do propósito de existência da organização.
Visões	Imagens mentais de um estado futuro da organização, ou partes desta, usadas para unificar o entendimento e motivar os envolvidos a cumprir a missão.
Objetivos	Metas intermediárias e finais para estratégias, operações, projetos, etc., expressas de maneira quantificável, precisa.
Planos	Descrição do trabalho que precisa ser realizado -"como" a missão, as visões e os objetivos devem ser concretizados.
Documento do Plano	Entregável final da fase de planejamento. Além do plano (também em formato de orçamento), o documento pode, ou deve, incluir outros elementos, como a análise ambiental, missão, visão/ões e objetivo/s.
Políticas (anexadas ao documento do plano)	Baliza para a tomada de decisões em geral. Elemento importante na criação e manutenção do alinhamento organizacional.

Table 3.2.1.a

Breve Descrição da Função de Planejamento por Nível de Gestão

Nível de Gestão	Descrição
Alta	Determinação da missão, criação de visões de longo e médio prazo, definição de objetivos estratégicos corporativo e/ou unidade de negócio, elaboração de planos abrangentes e elaboração de políticas para toda a organização e/ou unidade de negócios.
Média	Criação de visões de médio e curto prazo, definição de objetivos estratégicos para unidade de negócio e/ou objetivos operacionais, elaboração de planos abrangentes e restritos e definição de normas e mandatos para as principais partes da organização usando os documentos dos planos estratégico corporativo e unidade de negócio (se aplicável) como referência.
Baixa	Criação de visões de curto prazo, definição de objetivos operacionais, elaboração de planos restritos e de ação e definição de mandatos para áreas funcionais e pequenas partes da organização, com base nos documentos dos planos criados por níveis de gestão mais elevados.

Table 3.2.1.b

59

3.2.2 Organização

Organização[18] é, primordialmente, o empreendimento teórico de detalhar o trabalho que precisa ser executado e ordenar as diversas unidades de trabalho para que estas colaborem e se complementem na produção coletiva de entregáveis. Consequentemente, organização deve determinar o perfil de quem vai fazer o quê e com quais recursos.

Uma vez que um sistema requer que os elementos sejam organizados em uma estrutura que permita que processos ocorram, a criação de uma organização envolve mais do que posicionar as áreas de trabalho de forma ordenada, porém desconectadas. É necessário considerar um arranjo holístico que leve em conta um eventual fluxo de entregáveis, a fim de permitir que processos ocorram. Isto significa que cada área de trabalho deve ser organizada em relação a outras áreas de trabalho e agentes internos e externos; e, linhas de conexões, respeitando a hierarquia, devem ser estabelecidas entre elas para indicar onde as transferências devem acontecer. Em outras palavras, Organização também pode ser definida como o empreendimento de ordenar diversas fases de transformação (e de intermediação) de um processo ou processos de uma ou mais áreas de trabalho de forma a permitir a integração destas e, assim, possibilitar a criação de estruturas sistemáticas, orgânicas.

Em geral, quando pensamos em organizar coisas, nosso primeiro impulso é dispor objetos de forma ordenada. Essa abordagem intuitiva também está em consonância com nossa leitura da formação de sistemas naturais. Como observamos na natureza, quando um sistema é formado, elementos distintos devem, primeiro, estar presente. Esses elementos devem, então, se juntar para criar uma estrutura particular. Por fim, processos devem ocorrer para que o intercâmbio entre as partes possa se realizar. Novamente, o corpo humano é um exemplo perfeito. Diferentes órgãos são dispostos em uma estrutura de corpo humano e as trocas entre os órgãos permitem a existência do sistema.

Se a mesma abordagem de organização for adotada em ambientes organizacionais, a sequência de execução das funções centrais de gestão fica sendo a seguinte:

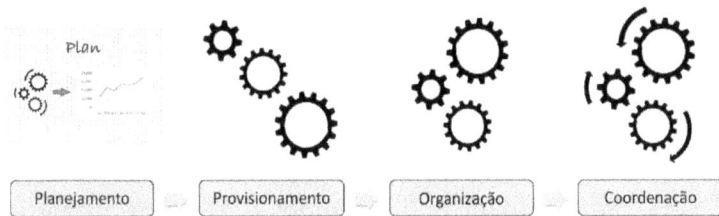

Figura 3.2.2.a

Contudo, em gestão, o bom senso exige a execução (teórica) da função de Organização antes do pessoal ser contratado ou recursos adquiridos. Por esta razão, por exemplo, em primeiro lugar, deve-se elaborar a descrição de um cargo e, só depois, convidar uma pessoa para ocupar a posição.

Portanto, a sequência correta de execução das funções centrais de gestão é a seguinte:

Funções de Gestão

Planejamento	→	Organização	→	Provisionamento	→	Coordenação

Figura 3.2.2.b

Assim, a gestão de alto nível deve dar o primeiro passo no trabalho de organização ao departamentalizar em grandes áreas, além do que já foi especificado no plano, o trabalho necessário para a produção de entregáveis. Isso é feito ao organizar teoricamente o trabalho em um gráfico que retrata a estrutura organizacional. Nessa fase, muitas vezes, a estrutura apresenta apenas grandes áreas, tais como as unidades de negócios e/ou áreas funcionais e, possivelmente, agentes externos chaves. A gestão de alto nível deve realizar esta primeira fase de esforço de Organização após a fase de planejamento estratégico, e o gráfico deve ser um dos principais entregáveis resultante da execução desta função.

A gestão de alto nível continua o processo definindo e detalhando ainda mais algumas partes do trabalho que deverá ser executado e indicando as diversas provisões que serão necessárias para sua implementação. De preferência, o processo, em seguida, cascateia pela organização, isto é, o esforço de departamentalização continua até em baixo, com diferentes níveis de gestão contribuindo para este fim.

Uma questão que merece atenção especial é o mal-entendido da parte de muitos quanto à eficácia de algumas importantes ferramentas de organização. Muitos gestores não querem considerar determinadas ferramentas porque sentem que o ritmo de mudança é tão rápido que o que essas ferramentas ajudam a organizar, rapidamente, torna-se irrelevante. Curiosamente, uma das razões para esta desconexão entre o que foi organizado e a presente realidade é precisamente a falta de organização, a qual aparece primeiro no início e não no final dos processos de mudança. Sem organização, não existe estabilidade, e com instabilidade, ocorre mudança descontrolada.

Um exemplo clássico de tal desconexão é a descrição de cargo que, embora muitas vezes vista apenas como uma ferramenta de treinamento, na verdade é, antes de tudo, um instrumento muito importante, necessário para organizar o trabalho individual. Se as obrigações dos reportes diretos estão mudando muito rápido, provavelmente é porque os gestores estão constantemente determinando novos trabalhos, e não porque os reportes diretos simplesmente sentem vontade de fazer algo diferente. Da mesma forma, se as descrições de cargo dos gestores não estão acompanhando mudanças na realidade, provavelmente, é porque os gestores não estão mantendo um bom controle sobre as operações. Em resumo, se os gestores permanecem exigindo novos trabalhos para seus reportes diretos, as descrições de cargo estarão sempre imprecisas.

Tais situações suscitam questões como:

- Estes gestores estão considerando o impacto de suas mudanças sobre o que foi planejado?
- Estes gestores estão criando novos planos tão rápido quanto estão determinando novos trabalhos?

- Existem planos que estão sendo implementados?

Por outro lado, em uma estrutura orgânica em constante evolução, gestores têm que reorganizar o trabalho periodicamente, tendo em mente que o ritmo de mudança deve ser diferente em diferentes níveis de gestão. A gestão de alto nível organiza com a intenção de que as coisas serão estáveis por um período significativo e, quando as mudanças acontecem, são geralmente mais drásticas e abrangentes do que o que ocorre em outros níveis. No outro extremo, a gestão de baixo nível deve estar preparada para viver com intervalos de mudanças muito mais curtos. Neste caso, as mudanças, que também devem ser planejadas, devem ser acumulativas e menos drásticas.

Como organizar, também depende do que está sendo organizado. Por exemplo, alguns esforços de organização, como uma planta baixa de fábrica, pode requerer a assistência de especialistas. Outros esforços de organização podem ser delegados a reportes diretos que não são gestores, como arquivos, pequenos bancos de dados e pequenos estoques. Seja qual for o caso, os gestores devem ter algum nível de conhecimento relacionado à organização que precisa acontecer em sua área de responsabilidade.

Algumas ferramentas que os gestores têm à sua disposição para organizar são:

- Agenda
- Banco de Dados
- Tabela Distributiva do Trabalho

- Arquivo
- Fluxograma
- Descrição de Cargo
- Manual
- Mapa
  - Planta Baixa de Fábrica
  - Layout
- Organograma

Breve Descrição da Função de Organização por Nível de Gestão

Nível de Gestão	Descrição
Alta	Teoricamente define, sem detalhar, as maiores áreas da organização através da aplicação de departamentalização, criando, assim, a parte superior da estrutura organizacional. Determina entregáveis adicionais importantes e trabalhos que precisam ser gerados além dos que já foram especificados no plano. Indica e atribui funções e valores às provisões complementares importantes a serem obtidas. O que for organizado deve, de preferência, permanecer estável por um período significativo.
Média	Avança o esforço de departamentalização de uma ou mais grandes áreas da organização, tais como as áreas funcionais. Determina entregáveis adicionais e trabalhos que precisam ser gerados além do que já foi especificado no plano. Indica e atribui valores e funções às provisões complementares a serem obtidas. Coisas organizadas devem ser estáveis por um período moderado.
Baixa	Avança o esforço de departamentalização de/para áreas menores da organização. Determina entregáveis de "bloco de construção" e trabalhos a serem realizados. Atribui funções e valores a provisões necessárias para a criação de "blocos de construção". Re-organização deve ser razoavelmente frequente e gradualmente melhorada.

Table 3.2.2

3.2.3 Provisionamento

Provisionamento é a prática de identificação e obtenção de todos os elementos tangíveis e intangíveis necessários para gerar o trabalho capaz de produzir os entregáveis desejados e dispô-los de acordo com a ordenação in-

65

dicada anteriormente no plano e detalhada durante a Organização. Provisionamento inclui pessoal e todos os recursos necessários, como capital inicial, capital de giro, conhecimento, informações, tecnologias, matérias-primas, energia, infraestrutura, equipamentos, ferramentas, contratos, licenças comerciais e marcas.

A maioria das provisões deve ser obtida externamente, mas algumas têm que ser criadas *in-house* (dentro da organização), como marcas e tecnologias e conhecimento não encontrado em outro lugar. Neste sentido, o desenvolvimento de um programa de computador para venda não é um recurso, mas a invenção de uma linguagem de computador ou equipamento especial para produzir o programa é. Assim, o departamento de Pesquisa e Desenvolvimento (P&D), que tem o objetivo de criar novos produtos, não é uma área de provisionamento. Em outras palavras, tudo que é criado pela organização para o benefício exclusivo de agentes externos não deve ser considerado como recurso. Em alguns casos, tal como com uma marca, um elemento pode ser tanto um recurso interno quanto um integrável externo (ver tipo de marca: "imagem"). A cultura organizacional, a qual tem consequências tanto para a organização quanto para agentes externos, não é um recurso, mas sim, um produto do pessoal.

Devido à natureza orgânica das organizações e, até certo ponto, também de organizações criadas para projetos, Provisionamento não pode ser encarado como um trabalho levado a cabo uma única vez. Sendo uma função

66

de gestão, não deve ser arquivado na memória do gestor depois da inauguração de uma organização ou após o período inicial de um ano fiscal. Uma organização é um sistema que pode ser comparado a um corpo vivo, que requer alimentação e atenção contínua. O pessoal sofre rotatividade, matérias-primas devem estar continuamente fluindo para dentro da organização, alguns ativos se depreciam, conhecimento está constantemente avançando, tecnologia torna-se obsoleta, realidades sociais estão incessantemente evoluindo e novos recursos financeiros são sempre necessários.

Gestores também devem estar atentos quando novas ou renovadas provisões são introduzidas na organização, uma vez que estas têm o potencial de provocar mudanças significativas. Um exemplo muito simples disso é a atualização de um programa de computador.

Outra coisa importante que os gestores precisam estar conscientes é que diferentes tipos de provisões durante diferentes condições e fases do ciclo de vida organizacional, geralmente, exigem processos específicos de identificação e obtenção. Associados, por exemplo, podem ser convidados a colaborar com a organização durante sua fase inicial sem ter que passar por um processo de seleção rigoroso, porém o mesmo não deve ocorrer em estágios avançados.

Assim como em todas as outras funções de gestão, a função de Provisionamento é também levada a cabo com variações, de acordo com o nível de gestão. No entanto, independentemente do nível de gestão, enquanto Planejamento se presta a um bom envolvimento de reportes diretos, Provisionamento é, talvez, mais adequado para ser delegado ou terceirizado. Talvez por isso, seja uma prática comum dos gestores transferir aos reportes diretos uma grande parte do trabalho de provisionamento diário, especialmente, quando este não está relacionado a recursos onerosos e, depois, se envolver sobretudo em certas etapas fundamentais através de sistemas de controle interno. Uma vez que as operações estão em andamento, os gestores só precisam se envolver totalmente com esta função quando provisões críticas estão em jogo.

Breve Descrição da Função de Provisionamento por Nível de Gestão

Nível de Gestão	Descrição
Alta	Obtem provisões externas, especialmente consideráveis somas financeiras. Obtem pessoal e tecnologia chaves. Lidera a criação *in-house* de algumas provisões, a exemplo da marca. Transfere recursos financeiros para a gestão média para ser desembolsados de acordo com o plano. Uma vez que toda contratação e demissão de pessoal tem que ser assinada por um agente com poder legal para fazê-lo, gestores de alto nível estão geralmente envolvidos com a provisão deste elemento em todos os níveis de gestão.
Média	Obtem provisões tangíveis e intangíveis especialmente de considerável valor, como infra-estrutura, pessoal e equipamento, externamente e/ou desenvolve *in-house*. Assegura a aquisição regular de provisões essenciais, como matérias-primas. Disponibiliza recursos, especialmente financeiros, para a gestão de baixo nível, principalmente para a obtenção da maioria dos suprimentos ope-racionais.
Baixa	Colabora com a gestão média na obtenção de provisões externas, especialmente suprimentos operacionais de considerável valor. Ocasionalmente, desenvolve provisões *in-house*.

Table 3.2.3

3.2.4 Coordenação

Uma vez que Planejamento, Organização e Provisionamento estão completos, é hora de integrar tudo*, de dar vida à estrutura e transformá-la em um sistema "vivo".

Assim, *Coordenação*[19] é a prática de criar as condições que permitem a existência de fluxos regulares e bem-ordenados de entregáveis entre as áreas de trabalho dentro de uma organização e entre a organização e sistemas externos. Porque Coordenação está associada à fase de transferência de processos, ao executar esta função, gestores devem se ocupar com a integração das áreas de trabalho e, não, com a transformação que ocorre em estações individuais.

A função de Coordenação trata de questões como rota, frequência, velocidade e volume dos entregáveis. Atenção também deve ser dedicada ao meio, ou veículo, utilizado para permitir que a transferência dos entregáveis ocorra, tais como formulários, conexão de computadores, esteiras transportadoras e até seres humanos. Neste sentido, gerentes precisam tratar de assuntos tais como substância, formato, capacidade e tamanho. Além disso, atenção também deve ser dedicada a manter os meios limpos de possíveis interferências que podem afetar a in-

---

* A descrição inicial da vida de uma organização, repetindo, tem o intuito de facilitar o entendimento de como as funções se relacionam em um determinado nível de gestão. Na prática, durante operações contínuas, a execução destas em relação umas às outras em diferentes níveis de gestão seguem um padrão entrelaçado, ao invés de sequencial.

tegridade dos integráveis, enquanto estão em trânsito entre as áreas de trabalho. Lembre-se: "entra lixo, sai lixo"!

Mesmo que um gestor tenha apenas um ou nenhum reporte direto, esta noção de integração ainda se aplica. No caso de um reporte direto, ainda existem conexões com outras áreas, com agentes externos e entre o reporte direto e o gestor. E, no caso de um "gestor" que tem de lidar com distintas áreas de trabalho sem a ajuda de reportes diretos (negócio de uma só pessoa), ele ou ela ainda tem que observar o fluxo de entregáveis entre as áreas e com agentes externos.

Porque ninguém tem a capacidade de acompanhar ao mesmo tempo a transferência de múltiplos entregáveis, os gestores devem estabelecer os fluxos e não ser a pessoa que faz as entregas. Na verdade, normalmente, os gestores não devem participar nem mesmo de transferências ocasionais quando estas são de responsabilidade de reportes diretos. Há mesmo circunstâncias quando estações de trabalho devem lidar com seus próprios problemas de transferência diretamente umas com as outras.

Assim como as anteriores funções centrais de Planejamento, Organização e Provisionamento, Coordenação deve ser periódica. Uma vez que as questões de transferência são definidas e os entregáveis estão fluindo, a função deve, em teoria, fazer uma "pausa" até que sejam necessários ajustes ou surjam oportunidades de melhorias. Talvez por isso, em sistemas muito bem criados, os gestores podem ficar ausentes por períodos relativamente significativos, sem que haja consequência negativa para as operações.

Desde que transferências acompanhadas por níveis de gestão mais baixos tendem a envolver um maior número de estações de trabalho executando trabalho não-gerencial do que em níveis mais elevados, as definições das transferências exigem mais atenção. Concomitantemente, essas transferências devem ser mais rigorosamente respeitadas. Como resultado, em níveis mais baixos de gestão, mudanças nas definições de transferências devem ser abordadas de maneira mais formal. A maioria das mudanças, após cuidadosa análise, deve levar apenas a pequenos ajustes, enquanto que, após minucioso diagnóstico, redesenho de processos de larga escala devem, de preferência, ser implementados como consequência de novos planos. Se pequenos ajustes não são feitos regularmente, então, os gestores devem se preparar para enfrentar as consequências advindas de grandes correções, sem tempo adequado para planejamento.

Ao nível de alta gestão, as transferências ocorrem principalmente na esfera do trabalho interpessoal, transmitindo principalmente informação e conhecimento. Isto significa que a definição de questões de transferência, tais como o formato dos entregáveis, meios e datas de entrega, geralmente são estabelecidas em reuniões. Assim, transferências em níveis mais elevados de gestão podem ser alteradas mais facilmente.

Independentemente do nível de gestão, a coordenação que acontece na esfera do trabalho interpessoal pode ser muito gratificante e, às vezes, igualmente desafiadora.

Por exemplo, por um lado, assumindo que a cultura valoriza bom comportamento, gestores aos quais é dada autoridade suficiente, podem desempenhar um papel fundamental na facilitação da integração dos associados de maneira a conseguir levar à felicidade e ao bem-estar. Por outro lado, se uma organização tem uma cultura que não tenta promover a existência de interações sociais saudáveis, os gestores podem rotineiramente acabar enfrentando condutas que podem se revelar extremamente prejudiciais ao sistema.

Deve-se notar que uma conduta não precisa ser explicitamente agressiva para ser um fator desestabilizador. Por exemplo, apenas pelo apego rígido a maneiras de se fazer as coisas, pessoas, muitas vezes movidas pelo desejo de preservar o status quo, podem ser extremamente contraproducentes a processos organizacionais. Além disso, resistindo ou não a mudanças, ao desestabilizar processos, o comportamento impróprio tem o potencial de causar alterações danosas a determinadas áreas de trabalho e, até mesmo, a organizações como um todo.

Sem dúvida, de todos os tipos de integração que a coordenação tem que facilitar, o trabalho interpessoal tem o potencial de vir a ser o mais desafiador. Algumas razões para isso são:

a. Quase todos os contatos interpessoais em organizações transferem entregáveis, muitas vezes no formato de informação, mesmo que alguns desses entregáveis não sejam benéficos para o trabalho dos que os recebem.

b. Entregáveis relacionados à esfera formal da organização que são transferidos exclusivamente através de contatos pessoais diretos, correm o risco de não ser tão completos e precisos quanto quando estes mesmos entregáveis são transferidos por outros meios.

c. Durante o trabalho interpessoal, o fluxo, ou a forma como os reportes diretos transferem os entregáveis, pode ser ainda mais importante do que os próprios entregáveis. A razão para isto é que o modo como os indivíduos se comunicam uns com os outros é um dos fatores chaves das relações humanas e, por conseguinte, molda a maneira como as organizações funcionam.

Agora, a menos que uma pessoa acredite, simultaneamente, em mais de um conceito de ser humano, só existe uma maneira correta de se comunicar. Para aqueles que reconhecem que os humanos, em essência, são seres sociais, a base da comunicação inclui uma linguagem, verbal e corporal, que é pacífica e agradável. Ou seja, uma linguagem que é conducente à associação, cooperação e integração. Definitivamente, a linguagem não pode ser agressiva e conflituosa, que leva à divisão.

Na medida em que é impossível que gestores estejam constantemente envolvidos com todas as transferências relacionadas à(s) área(s) sob sua responsabilidade, a ininterrupta intermediação de trabalho interpessoal está completamente fora de cogitação. Apesar de Coordenação ter capacidade de influenciar comportamento, esta função de gestão não é adequada para abordar muitas das questões interpessoais. Em particular, problemas interpessoais devem ser abordados com sabedoria através da execução de outras funções, tais como Apoio e Modelagem Cultural e, acima de tudo, através do emprego de Consulta. Para transferências entre a organização e agentes externos, Coordenação deve ser, tanto quanto possível, executada em parceria com pessoal externo.

Durante a execução da função de Coordenação:

- Gestores devem criar representações dos processos sob sua responsabilidade. Fluxograma é a principal ferramenta para este fim.

- Gestores devem definir, sozinhos ou com assistência técnica, os meios de transferências. Em relação aos seres humanos como "meios", os gestores devem esclarecer o comportamento esperado de acordo com as normas apropriadas de interação social e com a cultura da organização.

- Gestores devem determinar, de preferência com o envolvimento de outras pessoas, as características das transferências, tais como rota, frequência, velocidade e volume.

- Gestores devem definir questões de transferência de tal forma a melhor proteger a integridade dos entregáveis, enquanto estes estão transitando entre as áreas de trabalho, e entre estas e as áreas externas.

Assim, uma das principais obrigações de gestão é o

trabalho de coordenar o fluxo de entregáveis entre as áreas de trabalho. Isto é, coordenar as transferências de entregáveis entre as sucessivas fases de mudanças ou transformações (e intermediações) de modo a ajudar a dar vida ao sistema.

Breve Descrição da Função de Coordenação por Nível de Gestão

Nível de Gestão	Descrição
Alta	Coordena a integração de grandes áreas de trabalho, tais como unidades de negócios e áreas funcionais, umas com as outras e com os agentes externos. Com frequência, define questões de transferência, com o envolvimento dos reportes diretos. O fluxo a este nível é intermitente e os meios de transferências são simples. Os elementos mais comuns que circulam entre as áreas de trabalho são a informação e o conhecimento. A maior parte do tempo e da energia dedicados a esta função são gastos em reuniões.
Média	Coordena a integração interna das áreas de trabalho de médio porte, tais como áreas funcionais e grandes atividades no âmbito de seu alcance direto de gestão e com as áreas externas, em parceria com colegas e/ou agentes externos. Estabelece transferências detalhadas. Dedica uma quantidade razoável de tempo a esta função. Neste nível, alguns fluxos são bastante frequentes e alguns meios de transferência um pouco mais complexos.
Baixa	Coordena a integração das áreas de trabalho menos, como atividades e tarefas no âmbito de seu alcance direto de gestão e com as áreas externas, em parceria com colegas e/ou agentes externos. Define questões de transferência em grandes detalhes. A este nível, os fluxos são rápidos e os meios de transferências tendem a ser relativamente mais complexos. Ajustes frequentes são necessários. Mais tempo é dedicado a esta função do que a outras funções centrais.

Table 3.2.4

3.3 Funções Complementares

Funções Complementares são as funções de gestão que devem ser executadas visando apoiar o sistema de produção. Em outras palavras, não são tão explicitamente entrelaçadas com a produção de entregáveis quanto as funções Centrais, mas desempenham um papel importante não só na manutenção da organização, como também em seu avanço. Através de funções Complementares, tais como Monitoramento, Apoio, Modelagem Cultural e Vinculação, gestores garantem um funcionamento saudável do sistema.

Considere, por exemplo, a relevância do trabalho realizado para produzir um entregável final que será utilizado por agentes externos e o trabalho de limpeza realizado em seu apoio. O trabalho de produção é a razão de existir da organização, mas sem a contribuição do trabalho de limpeza, cedo ou tarde, a produção será forçada a parar. Tal é a relação entre as funções Centrais e Complementares.

3.3.1 Monitoramento

Uma vez que a organização foi criada e está funcionando, ou seja, uma vez que a execução das funções de Planejamento, Organização, Provisionamento e Coordenação foram concluídas, para manter a organização viva e progredindo na direção certa, é essencial que o sistema e suas conexões com agentes e ambiente externos sejam constantemente monitorados.

Monitoramento[20] é necessário porque tudo neste mundo físico, incluindo organizações, está em constante mudança, ainda que algumas mudanças não sejam perceptíveis aos nossos sentidos. Portanto, ao contrário das funções centrais, uma vez que o sistema está funcionando, o Monitoramento tem que ser ininterrupto.

A fim de que mudanças não levem uma organização a se desviar do que foi criado, Monitoramento deve, quando necessário, induzir as outras funções de gestão a retornar a organização ao curso pretendido. Na maioria das vezes, um gestor pode fazer isto através de uma das seguintes abordagens:

a) Condução das coisas de volta à maneira que eram antes da ocorrência do desvio.

b) Introdução de melhorias no sistema.

Se todas as funções centrais foram bem executadas, Monitoramento deve ocupar uma parte significativa do tempo dos gestores. Mesmo que alguns possam pensar que esta função é de importância secundária, seu valor não deve ser subestimado. Uma vez que a organização está operando, gestores podem ter dificuldade de executar bem outras funções de gestão sem antes serem acionados por e alimentados com os dados coletados pelo Monitoramento.

Coordenação, em particular, tem muito a se beneficiar de monitoramento. A Coordenação, sem uma compreensão clara do que está ocorrendo, pode muito bem ser uma receita para o caos. Por exemplo, como é possível ajustar a frequência, velocidade e rota dos fluxos, formato, tamanho e capacidade dos meios de transferência e as especificações dos entregáveis sem dados recolhidos a partir do monitoramento? No mínimo, isto exigiria diagnósticos constantes. Os gestores só podem, seriamente, ajustar transferências, rearranjar a ordem das prioridades de entregáveis e atribuir novas tarefas, se tiverem uma boa imagem do que está acontecendo. Sem uma imagem clara, o melhor é que reiniciem seu trabalho a partir do zero, como se a organização tivesse acabado de ser criada.

Em organizações, cada elemento, cada aspecto formal e informal do sistema, esfera de trabalho e questões externas de interesse podem ser objeto de monitoramento. Isto posto, nenhuma organização tem a capacidade de monitorar tudo. Por isto, considerações de custo/benefício são frequentemente utilizadas para orientar os gestores sobre o que monitorar. Além disso, tais considerações variam de organização para organização e de nível de gestão para nível de gestão. Dependendo das provisões disponíveis, gestores também podem delegar partes desta função a reportes diretos especializados. Independentemente disto, como uma forma de aumentar ainda mais o alcance do monitoramento, todos devem contribuir com os reportes diretos monitorando suas áreas e os gestores monitorando seu próprio desempenho.

Da perspectiva de um gestor, o ideal seria poder monitorar continuamente as provisões chaves, as arrumações e transferências entre as áreas de trabalho e com agentes externos e questões externas fundamentais, com a intenção de assegurar a manutenção e o desenvolvimento do sistema, mantendo-o, assim, alinhado com os planos da organização. Na prática, a menos que um gestor empregue ferramentas sofisticadas, de preferência um software de aplicação, a possibilidade de controlar um grande número de fatores jamais passará de uma aspiração.

Uma abordagem razoável é aquela onde os gestores, de forma individual ou em equipe, identificam alguns elementos chaves a serem rastreados. Estes podem ser inferidos da missão e visões, mas por princípio, a grande maioria deles deve ser extraída dos objetivos estabelecidos durante as fases de planejamento. Por exemplo, um objetivo de 20% de aumento na satisfação dos clientes nos próximos seis meses pode ser monitorado por meio do número de reclamações, devoluções e/ou elogios. Desempenho negativo no sentido de se alcançar tal objetivo, então, requer que os gestores investiguem, por exemplo, se as provisões, a ordenação e/ou fluxo de trabalho estão apresentando problemas que precisam ser corrigidos.

Uma vez que o gestor especifica o que deve ser monitorado, ele ou ela deve criar um sistema para registrar a operação (além dos entregáveis), tais como tarefas, atividades ou queixas de clientes. A operação pode ser registrada, por exemplo, por meio de diários, formulários, pesquisas e observações, e os dados compilados e apresentados sob a forma de relatórios escritos, tabelas, gráficos e demonstrações financeiras.

Observações físicas* e relatórios verbais, embora válidos, não devem ser os principais métodos de monitoramento. Estes, por si só, raramente cobrem um número suficiente de eventos para fornecer clareza necessária. Além disso, relatos verbais podem carecer de precisão e

---

* Observação física gerencial não deve ser confundida com inspeção física não-gerencial para fins de controle de qualidade.

não contribuem para os registros históricos da organização. Ainda assim, devido à sua praticidade, são úteis como relatórios provisórios.

De longe, o melhor sistema para registro das operações é o de contabilidade financeira; tanto assim que, em praticamente todos os países, sua utilização é requerida por lei. Este sistema abrange tantos aspectos da operação e tão detalhadamente que não somente é capaz de rastrear muitos elementos inferidos dos objetivos, mas também rastreia planos em quase sua totalidade. Além disso, porque usa a linguagem universal dos números, pode também consolidar as diversas facetas da operação da organização em praticamente qualquer combinação desejada, inclusive em um único relatório global. A contabilidade realiza esta proeza, registrando tudo o que entra na organização, o que é transformado ou criado e o que sai da organização, incluindo o movimento da maioria de seus ativos. Certamente, a contabilidade não é perfeita, mas é, sem dúvida, o mais abrangente, e talvez preciso, de todos os sistemas de registro.

A maioria das críticas feitas contra a contabilidade parece ser mais resultado de má compreensão de como usá-la do que uma deficiência da própria ciência. Por exemplo, pode-se dizer que a contabilidade não consegue captar a satisfação dos clientes. Entrevistas pessoais e questionários podem ser necessários para compreender o que os clientes realmente pensam. Entretanto, como a maioria dos outros sistemas de monitoramento, a contabilidade pode fornecer muitas dicas importantes através de dados, como o aumento, redução ou estabilidade das vendas, o número de retornos e sazonalidade. Além disso, usando comparações, pode prover alguma luz quanto à preocupação dos clientes com fatores como preço, qualidade e serviço.

Seja qual for o sistema, quando a operação está sendo registrada, os dados devem ser:

a) Avaliados em relação à missão e às visões.

b) Medidos em relação aos objetivos e planos e, no caso contábil, comparados aos orçamentos.

c) Analisados ao longo de uma linha de tempo.

d) Analisados através da comparação de dados.

Ao fazer isto, o monitoramento pode expor desvios na operação e deliberar quanto à necessidade de correções.

Caso correções sejam necessárias, gestores e/ou reportes diretos devem realizá-las através do emprego de uma ou mais das outras funções de gestão e, em alguns casos, de acordo com procedimentos pré-estabelecidos. Por exemplo, uma ou mais das outras funções devem lidar com cada um dos seguintes problemas detectados pelo Monitoramento:

• Planos estratégicos que estão ficando desconformes com mudanças na realidade social.

• Recursos que precisam ser atualizados.

• Pessoal que necessita de treinamento.

• Transferências que não são mais adequadas para

novos arranjos e/ou para especificações de entregáveis.

Até mesmo problemas com monitoramento em si, como rastreamento de dados que se tornaram irrelevantes e utilização de ferramentas ultrapassadas que já não podem capturar uma imagem precisa do desempenho da organização, devem ser tratados fazendo uso de outras funções de gestão.

Ao considerar quais ações devem ser tomadas, o grau de desvio e o tempo para lidar com cada questão podem ser variáveis importantes a se observar. Por exemplo, se ao passar da metade do exercício de um ano fiscal, o plano operacional for considerado fraco, ainda assim, pode ser melhor fazer pequenos ajustes e prosseguir até o final, ao invés de tentar refazê-lo neste estágio do ciclo. Além disso, análise, por si só, pode não ser suficiente para alcançar uma compreensão clara sobre as causas de um desvio. Em tais circunstâncias, diagnóstico também é necessário. Na verdade, a essência do monitoramento é uma análise minuciosa e, quando necessário, um diagnóstico sério.

Outra preocupação, quando lidando com desvios, é a necessidade de encontrar um equilíbrio entre manutenção e desenvolvimento, entre estabilidade e mudança. O ponto de partida para avançar em direção a este equilíbrio é o entendimento de que a diferença entre estes conceitos é, mais que tudo, uma questão de velocidade. Ou seja, mudança e estabilidade podem ser abordadas como eventos idênticos que ocorrem em ritmos diferentes.

Conforme inferido acima, por um lado, a mudança é uma lei da natureza, uma exigência da vida e, como tal, não pode ser detida. Por outro lado, algum nível de aparente estabilidade é necessário para que os seres humanos encontrem as condições adequadas para um bom desempenho. A longo prazo, a partir da perspectiva da organização, a adoção de uma única velocidade, como muito lenta (estabilidade) ou muito rápida (mudança constante) não é prático nem realista. Em termos gerais, a dinâmica pode ser:

- Melhorias de larga escala, ou mudanças, devem ser levadas a cabo esporadicamente através de Planejamento.
- Melhorias de pequena escala, ou manutenção, devem ser implementadas entre fases de Planejamento.
- Melhorias de pequena escala devem ser buscadas principalmente por meio de Apoio e Modelagem Cultural.

Apesar de Monitoramento, como um acompanhamento constante da operação, somente ser capaz de alertar para a necessidade de correções quando desvios são detectados, esta função pode também empoderar gestores a serem proativos. A verdade é que não há dicotomia entre ser proativo e reativo. Ambos têm valor e momentos adequados de aplicação.

Não obstante sua importância, muitos gestores infelizmente sentem-se desconfortáveis quando se trata de monitorar reportes diretos e suas atribuições. Talvez, uma das razões porque isto acontece seja a aversão que muitos reportes diretos têm desenvolvido como resultado de gestores lidarem com seu trabalho de forma autoritária ou paternalista. Contudo, para um bom desempenho é essencial que os gestores saibam tudo o que está acontecendo em suas áreas de responsabilidade, incluindo a forma como os reportes diretos estão executando seu trabalho. Esta prática não significa que estes não têm direito a certo nível de autonomia. Significa que existe um reconhecimento geral e verdadeiro de que cada área de trabalho é o resultado de um esforço coletivo. Deve ficar claro que os sucessos e os fracassos dos trabalhos designados aos reportes diretos também dependem da contribuição do gestor.

Como diz o ditado, "o que se mede se conclui".

Círculo de Monitoramento

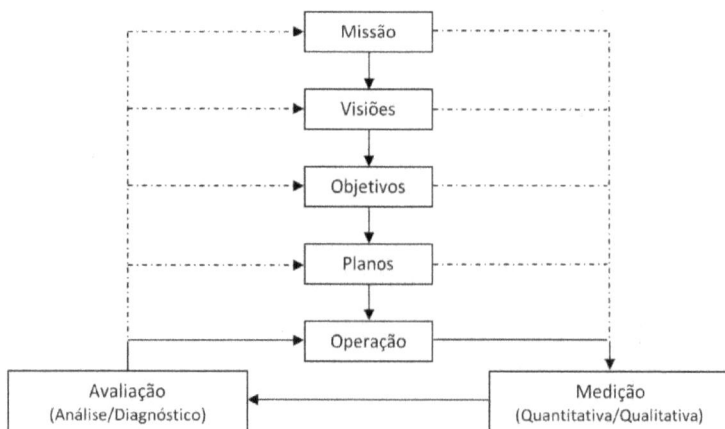

Figura 3.3.1

3.3.1.1 Monitoramento de Pessoal e Revisão de Desempenho

O pessoal - isto é, gestores e não-gestores - deve ser monitorado? Os gestores devem monitorar o que seus reportes diretos estão fazendo ou verificar se estão cumprindo sua carga horária? Teoricamente, pode-se argumentar que o pessoal não deve ser monitorado, que ambos, gestores e reportes diretos, devem ser capazes de demonstrar um nível de maturidade e compromisso em que esta preocupação seria inexistente. Ainda assim, porque o pessoal é a "alma" de um sistema organizacional, pessoas também exigem atenção.

Infelizmente, ainda que alguns aspectos do monitoramento de pessoal sejam relativamente simples, quando as emoções humanas passam a ter um peso significativo nessa iniciativa, o monitoramento pode se tornar muito complicado. Alguns gestores tentam contornar a sensibilidade das pessoas com relação a monitoramento, procurando dissociar o elemento humano do desempenho e dos entregáveis. Acima de tudo, a tendência é se concentrar primordialmente nos entregáveis e menos no desempenho, deixando, assim, a "pessoa" de fora da equação tanto quanto possível. Embora em muitos casos essa abordagem possa gerar resultados razoáveis, em essência é, provavelmente, tão irrealista quanto a ideia de dissociar tarefa de processo.

Uma ótima solução para o monitoramento de pessoal que pode atender simultaneamente o elemento humano, o desempenho e os entregáveis é a criação de uma cultura de aprendizagem coletiva, onde o monitoramento é realizado em um contexto de contínuo esforço individual e coletivo na busca de aperfeiçoamento e excelência. Em tal cultura, o desejo de reexame constante, de uma análise constante de uma realidade que está sempre evoluindo, instala-se como norma. Torna-se o novo modo de ser.

Por outro lado, revisão de desempenho[21], a qual, infelizmente, parece ser necessária para fins de promoção e recompensa, é quase que com certeza a coisa mais difícil de fazer em uma organização e, portanto, não pode estar baseada exclusivamente em dados coletados a partir de um sistema de monitoramento.

Algumas das razões para esta dificuldade são as seguintes:

a. A(s) relação(ões) entre o indivíduo e seu gestor, reportes diretos, outras áreas internas de trabalho e áreas externas é orgânica.

b. O nível de provisões disponíveis para um indivíduo tem um impacto direto sobre seu desempenho.

c. Os indivíduos podem ter problemas que podem afetar o processo de revisão - bagagem pessoal, como afetividade e preconceito; interpretações imprecisas; e, lapsos de memória.

Resulta que, de certa forma, o desempenho de um indivíduo é dependente dos recursos disponíveis e do desempenho de outras pessoas, especialmente do desempenho de seu gestor e dos que estão diretamente adjacentes em um determinado processo.

Para uma revisão justa de um desempenho individual, então, pelo menos em teoria, um sistema de avaliação teria que estar baseado em uma fórmula complexa que levasse em consideração a relevância ponderada de alguns fatores positivos e descontasse a possível influência negativa de outros, tais como:

- O desempenho do indivíduo que está sendo submetido à revisão, em ambas as esferas formal e informal da organização.
- O grupo de trabalho ou a unidade do indivíduo que está sendo examinado.
- Seu gestor ou reportes diretos.
- As provisões disponíveis.
- A alta administração.
- As outras áreas de trabalho e áreas e agentes externos.

Com ou sem o uso de fórmulas complexas, todos devem saber de antemão como e por quem seu desempenho vai ser revisado. Se possível, deveria lhes ser permitido participar na criação do sistema de revisão. Além disso, uma atenção especial deve ser dada ao fato de que o sistema deve levar em consideração fatos concretos, mensuráveis. No final, o melhor é realizar exames tão coletivamente quanto possível, permitindo, inclusive, a participação de agentes externos.

Talvez um dia, este complexo problema de revisão de desempenho diminuirá em sua importância. Ainda assim, provavelmente, jamais será eliminado, uma vez que individualidade e diferenciação sempre permitirão e exigirão a identificação das contribuições individuais para as quais se deve receber o que lhe é devido.

Breve Descrição da Função de Monitoramento por Nível de Gestão (não considerando o monitoramento de reporte direto)

Nível de Gestão	Descrição
Alta	Especialmente voltado para o desempenho de longo e médio prazo. Monitoramento é realizado principalmente através de relatórios escritos e verbais com exames físicos esporádicos. Indicadores macro são monitorados por meio de relatórios financeiros, volume de vendas, número de funcionários e assim por diante, para as operações mensais, trimestrais e anuais.
Média	Especialmente voltado para o desempenho de médio e curto prazo. Monitoramento é baseado no desempenho semanal e mensal e é realizado principalmente por meio de relatórios escritos e verbais e algum exame físico.
Baixa	Especialmente voltado para o desempenho de curto prazo. Monitoramento diário da operação é realizado principalmente por meio de medições estatísticas e exame físico de amostras.

Table 3.3.1

3.3.2 Apoio

Apoio[22] é a prática pela qual os gestores ajudam os reportes diretos e outros a criarem as condições que lhes possibilitem executar seu trabalho no máximo de sua habilidade e, assim, contribuir para a promoção do bem-estar individual e coletivo. Importante que a função de Apoio não seja confundida com Provisionamento, função através da qual gestores também consideram os materiais, ferramentas e tecnologia, diretos e indiretos, que seus reportes diretos necessitam para executar seu trabalho.

Apesar da função de Apoio estar exclusivamente relacionada com pessoal, não vale a pena despender muita energia tentando analisar psicologicamente os reportes diretos. Em vez disso, os gestores devem se concentrar na criação de ambientes de trabalho justos, onde os canais de comunicação estão sempre abertos e transparentes - ambientes onde não há necessidade de agendas ocultas e onde as pessoas são livres para se expressar adequadamente. Ao executar a função de Apoio, os gestores devem cuidar para não ser paternalista para com seus reportes diretos nem tratá-los com ar de superioridade. A base lógica para a existência da função de Apoio não é a ideia de que os reportes diretos precisam de ajuda porque são menos qualificados.

Apoio por parte dos gestores é particularmente útil porque estes estão posicionados fora das esferas de transformação e transferência em relação aos reportes diretos que são não-gestores, e fora do alcance de gestão direta em relação aos gestores que são reportes diretos. Como tal, gestores podem acrescentar perspectivas que aqueles diretamente envolvidos com certas iniciativas normalmente não conseguem visualizar. Além disso, especialmente aqueles envolvidos com trabalho não-gerencial, geralmente, não têm o luxo de ter tempo de parar a produção a fim de buscar maneiras de melhorar seu trabalho ou tentar ajudar os outros a melhorar o trabalho deles.

Gestores podem descobrir o que está faltando, o que pode ser melhorado formal e informalmente e elaborar opções de como ajudar seus reportes diretos. Ainda assim, devem primeiro abordar os reportes diretos sem ideias preconcebidas e perguntar como podem ajudá-los - ouvi-los, saber o que sentem, o que precisam e determinar, em consulta com eles, quais tipos de apoio gostariam de receber. Nesse sentido, é importante ressaltar que esta abordagem requer certo grau de altruísmo dos gestores, uma postura de serviço, continuado acompanhamento e engajamento com seus reportes diretos.

Em consonância com a complexidade humana, os gestores podem dar apoio de diversas maneiras - intelectual, emocional e material. Em qualquer caso, é útil pensar nesses esforços como sendo apoio interno ou externo à pessoa dos reportes diretos.

No caso de apoio externo, os gestores podem considerar uma variedade de maneiras de como fornecer a assistência formal que seus reportes diretos podem necessitar para facilitar seu trabalho. Por exemplo, os gestores podem:

- Ajudar os reportes diretos a equilibrar seus assuntos de trabalho e não-trabalho.
- Proporcionar benefícios indiretos, às vezes empregando a função de Provisionamento.
- Prestar apoio dentro e fora da empresa.
- Fornecer treinamento extra para as operações em curso (para novos processos, o treinamento deve

ser considerado provisão).

- Auxiliar na solução de problemas.

- Contribuir ocasionalmente na execução de tarefas, como ajudar com uma preparação de auditoria que está atrasada ou um rearranjo físico de móveis de escritório.

No caso de apoio interno, mais uma vez, gestores não são psicólogos. Por isso, este esforço é mais bem direcionado para capacitar os reportes diretos a lidar com seus próprios problemas e assumir o controle sobre seu próprio desenvolvimento, ou seja, assumir suas funções como algo de seu interesse e, por fim, ter a mesma postura para com toda a empresa. Neste contexto, gestores podem utilizar *coaching* contanto que o faça com o espírito certo.

Gestores empoderam reportes diretos, principalmente, permitindo-lhes tomar decisões individualmente e em grupos. Isto implica que é concedida aos reportes diretos uma margem de erro dentro da qual operar. Além disso, nem todo entregável que resulta ser diferente do que era esperado é necessariamente errado. Em muitos casos, os gestores devem apenas relaxar, aceitar a contribuição do reporte direto e passar a se concentrar em coisas que só ele ou ela pode fazer.

A liberdade para tomar decisões é um poderoso motivador. Abre a porta para a iniciativa individual e a criatividade, reduzindo a necessidade de apoio por parte dos gestores. O oposto também é verdadeiro. Há poucas coisas que os gestores podem fazer que desempoderam tanto os reportes diretos quanto retirar a capacidade destes de tomar decisões sobre sua esfera de responsabilidade. Se os reportes diretos assumirem o controle de seu próprio progresso, praticamente, o único apoio interno necessário é o de encorajamento. No entanto, ninguém deve assumir que esta é uma tarefa fácil. A arte de encorajar pode ser um empreendimento arriscado. Exige qualidades como sensibilidade, sinceridade, moderação e sabedoria. O encorajamento não deve ser reduzido a elogiar indiscriminadamente. Dizer repetidamente às pessoas como elas são boas pode acabar apenas alimentando seu ego. Em vez de somente elogiar uma pessoa, pode ser útil destacar resultados, apontar as contribuições gerais que os reportes diretos estão fazendo para o todo. Além disso, encorajamento não é o mesmo que tentar motivar oferecendo incentivos, o que pode facilmente tornar-se manipulação.

Incentivos não devem ser confundidos com maior compensação justificada por superior desempenho individual. Neste sentido, a remuneração individual deve ser abordada com preocupação para com a organização como um todo; caso contrário, tal medida pode se tornar injusta para com o grupo. O desempenho superior deve ser resultado de um esforço pessoal por excelência.

Combinados com o fato de que a execução de Apoio é relativamente menos constrangida por planos[*] do que

---

[*] Ser proativo não implica pular planejamento. Ainda que uma grande parte do esforço de Apoio seja dedicado a imprevistos que surgem no

muitas das outras funções, os pontos acima facilitam a utilização de Apoio de forma proativa. A relativa liberdade em relação a planos aumenta a capacidade do gestor de contribuir com ideias que são "fora-da-caixa" ("outside-the-box"). Ser proativo é dar um grande passo em direção a posicionar o trabalho acima da média ("ahead of the curve"), melhorando o desempenho, superando metas e fazendo a organização avançar.

Uma implicação positiva da execução correta da função de Apoio é a eliminação de uma função como Comando. Não é possível que as funções de Apoio e Comando sejam executadas de modo simultâneo. Elas representam filosofias opostas de vida, atitude e trabalho.

Breve Descrição da Função de Apoio por Nível de Gestão

Nível de Gestão	Descrição
Alta	Oferece principalmente apoio interior com atitude de serviço.
Média	Oferece uma mistura de apoio interno e externo em atitude de serviço.
Baixa	Oferece uma mistura de apoio interno e externo com certa ênfase no externo. Apoio está principalmente relacionado com a execução de tarefas e atividades. Mantém uma atitude de serviço, "trabalhando juntos".

Table 3.3.2

3.3.3 Modelagem Cultural

Modelagem Cultural[23] tem a ver com a tentativa sistemática de exercer um efeito consciente e positivo na

---

decorrer das operações diárias, a execução desta função deve ser planejada.

esfera informal da organização. Contudo, antes de executar a função de Modelagem Cultural, os gestores devem rever sua filosofia de vida e de ser humano. Isto é importante porque precisam ter claro como harmonizar o seu papel, principalmente os gestores de alto nível, na formação de uma cultura organizacional, em particular na ausência de uma filosofia de consulta e da noção de que uma cultura organizacional é a soma das expressões de todos os membros, resultante de uma dinâmica entre os indivíduos e o meio ambiente.

Independentemente de como uma cultura organizacional deve ser formada, a lógica que justifica a execução da função de Modelagem Cultural por parte dos gestores baseia-se na autoridade e papel específico que estes têm que desempenhar.

Munidos de tão profunda quanto possível compreensão da natureza humana, gestores podem conscientemente trabalhar, espera-se que com participação coletiva, para promover sistematicamente uma cultura relevante para a missão e estratégia da organização. É importante observar que a Modelagem Cultural nada tem a ver com tentativa de interferir na individualidade das pessoas.

Ao se avançar com o processo de promoção de uma cultura organizacional, pode ser útil ter em mente três de seus aspectos conforme categorizados abaixo:

> *Valores fundamentais de uma organização* - Mesmo que não explicitamente apresentados como tais, os valores fundamentais de uma organi-

zação são a coleção do que seus membros entendem como os princípios básicos que devem reger o comportamento humano. Consequentemente, os valores fundamentais estabelecem as regras vitais de engajamento - de interações entre os indivíduos dentro de uma organização e com agentes externos. Qualidades humanas que representam valores fundamentais positivos incluem veracidade, imparcialidade, confiança, cooperação e serviço. Algumas qualidades negativas são falsidade, injustiça, desonestidade e egoísmo. Qualidades positivas são forças integradoras, enquanto as negativas são desintegradoras. Os valores fundamentais podem ser os mesmos para qualquer organização.

Idiossincrasias da indústria - Toda organização contribui diretamente para as idiossincrasias de um determinado setor ou área em que atua e, ao mesmo tempo, é também influenciada por essas mesmas idiossincrasias. Como resultado, alguns aspectos da cultura de uma organização são, de uma forma ou de outra, moldados para se ajustar ao seu ambiente específico. Por exemplo, parques de diversões e empresas de serviços de proteção, cada uma desenvolve idiossincrasias culturais que são adequadas às suas respectivas indústrias de entretenimento (alegre e casual) e segurança (séria e disciplinada).

Idiossincrasias da organização - Cada organização desenvolve um conjunto único de idiossincrasias culturais que outras organizações não são capazes de reproduzir. Essas idiossincrasias surgem devido à combinação das personalidades, aptidões e interesses das pessoas envolvidas com o empreendimento. Estes fatores, por sua vez, são as principais forças que conduzem o processo de tomada de decisão de uma organização, afetando suas escolhas de estratégia, estrutura, orientação às pessoas, método de operação e assim por diante.

A Modelagem Cultural requer que os gestores trabalhem conscientemente para manter a cultura alinhada à missão e estratégia através da:

a. Promoção dos valores fundamentais da organização.

b. Promoção das boas idiossincrasias da indústria e da organização.

c. Coibição dos comportamentos contrários aos valores fundamentais da organização.

d. Supressão das idiossincrasias inadequadas da indústria e da organização.

Os primeiros passos em Modelagem Cultural, então, são a seleção dos valores fundamentais da organização e os comportamentos que os manifestam. Isto é seguido pela identificação das idiossincrasias da indústria que são consideradas merecedoras de adoção.

Uma vez que os gestores decidiram qual cultura promover, devem sabiamente projetar e implementar um sistema de recompensas e penalidades. É preciso enfatizar que o desenho de tal sistema não deve ser iniciado sem uma compreensão clara da cultura desejada. Além disso, vale lembrar que recompensas e penalidades são ferramentas presentes nas organizações, mesmo que não formalmente institucionalizadas. Isto significa que se o sistema de recompensas e penalidades não foi formalmente criado, deve ser revisado e formalizado à luz da cultura desejada.

Além disso, Modelagem Cultural deve ser considerada em conexão com outras funções de gestão, como Organização, Provisionamento, Coordenação e Apoio, e também com o exemplo pessoal do gestor. Intencionalmente ou não, os gestores têm o potencial de afetar significativamente a cultura e, portanto, devem prosseguir usando essa influência de forma consciente e cautelosa.

Cultura organizacional, como tudo que diz respeito à gestão, deve ser abordada de forma metódica. Se deixada sem atenção sistemática, mudanças aparentemente simples, como um novo membro, especialmente em nível de alta gestão, são suficientes para ser uma força consideravelmente perturbadora, criando distrações constantes e eventuais conflitos e, por fim, forçando a organização a gastar substancial energia tentando reajustar suas operações. Às vezes, tais mudanças não planejadas podem até mesmo alterar completamente a cultura de uma organização, com frequência, selando seu futuro de forma negativa. No entanto, é encorajador notar que, se a cultura organizacional é cuidadosamente nutrida, aqueles que não se encaixam acabam saindo antes de ter a oportunidade de criar caos.

Breve Descrição da Função de Modelagem Cultural por Nível de Gestão

Nível de Gestão	Descrição
Alta	Seleção dos valores essenciais da organização e promoção das qualidades que estes manifestam. Seleção e promoção das desejadas idiossincrasias chaves da organização. Identificação e promoção de boas idiossincrasias da indústria. Contenção de comportamento contrário aos valores essenciais da organização e supressão das inadequadas idiossincrasias da indústria e da organização. Modelagem Cultural através de estratégia, políticas, estrutura organizacional, principais provisões, Apoio, exemplo pessoal e elaboração e administração de sistema geral de recompensas e penalidades.
Média	Promoção de valores e qualidades essenciais que os manifestam e promoção das boas idiossincrasias da indústria e da organização. Contenção de comportamento contrário aos valores essenciais e supressão das idiossincrasias inadequadas da indústria e da organização. Seleção e promoção das boas idiossincrasias da unidade de negócio e/ou área funcional e supressão das inadequadas. Modelagem cultural através da utilização de políticas e de sistema geral de recompensas e penalidades, criação e aplicação de normas relacionadas a áreas funcionais, provisões chaves, processos, Apoio e exemplo pessoal.
Baixa	Promoção de valores e qualidades essenciais que os manifestam, e promoção das boas idiossincrasias da indústria e da organização. Contenção do comportamento contrário aos valores essenciais e supressão das idiossincrasias inadequadas da indústria e da organização. Promoção das boas idiossincrasias da unidade de negócios e/ou área funcional e supressão das inadequadas. Modelagem Cultural através da utilização de políticas e normas, sistema de recompensas e penalidades relacionados à área funcional e à organização, processos, Apoio, exemplo pessoal, criação de mandatos para as áreas de trabalho específicas.

Table 3.3.3

3.3.4 Vinculação

A função de gestão de *Vinculação* é a prática de facilitar um entendimento geral entre as partes interessadas, com o principal intuito de aumentar a coesão universal.

Dentro da organização, gestores executam a função de Vinculação através da partilha extraoficial de informações e da exploração informal de certas questões com seus reportes diretos. Esta função ajuda a manter os diversos agentes a par do que está acontecendo em outras áreas, com a organização como um todo e na mais ampla esfera social. Em alguns casos, a Vinculação também pode ajudar a fazer uma ponte e suavizar a comunicação. Além disso, uma vez que a consulta estiver institucionalizada, a Vinculação também pode servir como um meio adicional para aumentar o envolvimento geral na gestão.

Tal compartilhamento de informações ajuda a ampliar a visão dos reportes diretos, o que, por sua vez, tende a aumentar sua confiança e compromisso com o empreendimento. Em particular, Vinculação deve ajudar a aumentar a percepção de justiça distributiva e procedimental e ajudar mais ainda as áreas a ficarem em sincronia com o resto da organização. Também pode ajudar a reassegurar aos reportes diretos o compromisso da alta gestão para com os correntes planos, bem como ajudar com preparativos para possíveis futuras mudanças. Em última análise, a função de Vinculação ajuda a aumentar o sentimento de pertencer e de participação na execução global da missão da organização, levando a assumir o sucesso de áreas particulares de trabalho como sucesso coletivo.

Para levar a cabo a função de Vinculação, os gestores podem estabelecer horários formais para compartilhar informações com seus reportes diretos e com partes externas interessadas (quando aplicável). As informações, dependendo da direção compartilhada, podem, por exemplo, tratar do status de sua área, de outras áreas e/ou do progresso geral da organização, chamando atenção aos sucessos e desafios, bem como trazer notícias de fora da organização. Em tais ocasiões, o grupo de trabalho pode aproveitar a oportunidade para discutir assuntos específicos a fim de aprofundar a compreensão.

A função de gestão de Vinculação não deve ser confundida com a função de Coordenação. Enquanto Coordenação lida com a transferência de entregáveis em um processo, informações compartilhadas (entregues) durante a Vinculação não devem ser utilizadas para transformação.

A intermediação de questões e problemas de processos com outras áreas para auxiliar reportes diretos não é Vinculação. É Apoio. Além disso, a função de Vinculação não é a prática padrão de servir como ponto de contato para a comunicação entre áreas de trabalho. Gestores podem, ocasionalmente, fazer isso, mas, em geral, esse trabalho deve ser atribuído a não-gestores. Na verdade, se as comunicações ocorrem principalmente através de gestores, isto pode ter efeito oposto ao de aumentar a cooperação e integração entre as diferentes áreas. O fato é que quase todos os reportes diretos têm, e precisam ter, algum tipo de contato formal direto com outras áreas. É basicamente impossível para os gestores isolarem completamente seus reportes diretos, e fazer isto pode ser extremamente contraproducente.

É importante que as áreas não se sintam como sistemas fechados. Vinculação pobre pode criar problemas entre as áreas de trabalho, levantando barreiras e, por fim, criar "silos". Pode criar problemas ainda maiores se a formação de silos for devido ao desejo de um gestor de obter poder por meio da ocultação de informações. Se mantidos na ignorância com relação ao que acontece em outras áreas, reportes diretos ficam desinformados, tendem a se sentir isolados e menos produtivos. Especialmente em tempos de crise, isolamento e falta de visão global podem ser extremamente prejudiciais à moral dos reportes diretos. Além disso, os reportes diretos podem desenvolver desconfiança para com os gestores e animosidade e rivalidade em relação a outras áreas. Isto certamente contribui para o aumento do sentimento de injustiça. Em suma, Vinculação pobre pode comprometer a unidade de uma organização.

Os gestores devem manter a transparência para com todas as partes internas e externas interessadas, deixando claro que não têm agendas ocultas e demonstrando genuína preocupação com o bem-estar coletivo. Essas práticas são conducentes à criação de uma atmosfera de confiança, promovendo ainda mais um ambiente de trabalho saudável.

Funções de Gestão

Breve Descrição da Função de Vinculação por Nível de Gestão

Nível de Gestão	Descrição
Alta	Vinculação entre a organização e as partes interessadas externas, tais como parceiros, fornecedores, governo e sociedade em geral. Vinculação entre a alta governança (conselho) e gestão média. Compartilha informações e auxilia com a expansão da compreensão de como fatores, tais como regulamentos governamentais, economia mundial, política, indústria, movimentos sociais e meio ambiente podem estar influenciando a eficácia e a direção da organização. Compartilha informação interna e aborda preocupações do conselho e gestão média.
Média	Vinculação entre a própria área(s) e a alta gestão, o restante da organização e alguns agentes externos. Compartilha informações e auxilia com a expansão da compreensão de como fatores, tais como o desempenho de outras unidades de negócio e áreas funcionais e regulamentos do governo podem estar influenciando a eficácia de sua área(s). Compartilha informações e aborda preocupações da própria área(s) e da alta gestão, do restante da organização e de alguns agentes externos.
Baixa	Vinculação entre a própria área e a gestão média, o restante da organização e alguns agentes externos, tais como clientes e baixa gestão de outras organizações. Compartilha informações e auxilia com a expansão da compreensão de fatores, tais como outras áreas funcionais, clientes e fornecedores, podem estar influenciando a eficiência do grupo de trabalho.

Table 3.3.4

4

Qualidades Pessoais do Gestor

Muito provavelmente não é necessário ter uma personalidade específica para ser um gestor. Esta questão é ainda mais complexa porque personalidade deve estar combinada a outros fatores, como conhecimentos científicos e tecnológicos, para que um gestor seja capaz de cumprir seu papel de forma adequada. No entanto, como as funções de gestão que permanecem as mesmas em todos os níveis, algumas qualidades básicas[1] devem estar presentes em todos os gestores.

Isto posto, diferentes níveis de gestão podem se beneficiar de certas qualidades complementares. Assim sendo, diferentes listas de qualidades podem ser elaboradas de forma a contribuir para o sucesso de gestores em diferentes níveis de gestão. Outras listas podem ser criadas como resultado de considerações como o tipo de organização, tipo de indústria ou contexto cultural.

Independentemente disso, todos devem estar conscientes de que, acima de tudo, qualquer lista de qualidades é a expressão de um particular entendimento da realidade humana. Não somente a individualidade leva as pessoas a se concentrarem em diferentes qualidades, mas a compreensão dessa realidade também contribui para que cada indivíduo manifeste qualidades distintas. Este entendimento é um dos principais fatores que molda nossos pensamentos, decisões e ações.

A lista de qualidades pessoais básicas que está sendo aqui apresentada, e que na prática já bem comprovou seu valor, está alinhada com o conceito de seres humanos como seres sociais e, consequentemente, com o de organização como instrumento de prosperidade individual e coletiva.

4.1 Autodomínio

O tema de *Autodomínio*[2] é considerado pertinente o suficiente para também ser discutido em outros materiais de gestão. Aqui, no entanto, está sendo apresentado a partir de uma nova e mais profunda perspectiva - uma perspectiva que coloca os gestores em harmonia com o coletivo.

É verdade que autodomínio tem a ver com a capacidade de autocontrole e autodisciplina. No entanto, o aprofundamento da compreensão desta nova perspectiva vem do reconhecimento de que a pessoa atinge o autodomínio não concentrando, mas sim, esquecendo de si mesma[*].

> A 'Chave Mestra' para o autodomínio é o auto-esquecimento.[3]
>
> 'Abdu'l-Bahá

Prestar persistente atenção a si mesmo pode levar a ter orgulho ou pena de si mesmo. Orgulho leva ao engrandecimento, pena, ao rebaixamento. Ambos alimentam o ego. Ego leva a uma busca infrutífera e insaciável por autossatisfação. Em outras palavras, centrar a atenção em si mesmo alimenta nossa natureza animal, o que resulta na perda do autocontrole.

> O outro eu é o ego, a herança bárbara, animalesca que cada um de nós tem, a natureza inferior que pode se transformar em um monstro de egoísmo, brutalidade, luxúria e assim por diante.[4]
>
> De uma carta escrita em nome de Shoghi Effendi

Consequentemente, podemos dizer que o "ego insistente" é uma doença espiritual que se desenvolve com a atenção que lhe for dedicada.

No contexto das organizações, o ego faz uso de autoridade (no caso de gestores), manipulação, política, competição e assim por diante, na tentativa de satisfazer desejos pessoais a qualquer custo. Com tal comportamento, vem desrespeito, desonestidade e conflito, sem mencionar o impacto negativo na vida material de muitos.

---

[*] Esta proposição não significa que devemos deixar de nos examinar regularmente. "Focar" em si mesmo é diferente de "examinar" a si mesmo.

Por outro lado, ao esquecer de si mesmo, o indivíduo permite que qualidades positivas, como veracidade, humildade, paciência, cortesia, compaixão, confiança e justiça, floresçam, as quais levam à cooperação, trabalho em equipe, serviço e felicidade.

Em certo sentido, o auto-esquecimento não é uma meta fácil de atingir. Por outro lado, pode ser facilmente alcançado se a pessoa consegue se tornar altruísta ao substituir, ou ocupar, seus pensamentos com outras coisas que não consigo mesmo.

> *Não vos ocupeis com vossos próprios interesses; concentrai os pensamentos naquilo que possa reabilitar as fortunas da humanidade e santificar os corações e almas dos homens.*[5]

Bahá'u'lláh

Certamente, o altruísmo é essencial para o desenvolvimento de todo ser humano. No entanto, no caso de gestores que têm de se posicionar como facilitadores da produção coletiva e se envolver com o trabalho de outras pessoas, o altruísmo é também uma necessidade profissional. Definitivamente, a manifestação desta qualidade pelos gestores não pode ser considerada como tendo o mesmo impacto sobre o funcionamento da organização como quando manifestada por não-gestores.

Os gestores não devem permitir que seu status lhes suba à cabeça. Precisam esquecer seus interesses pessoais e dominar a si mesmos, a fim de serem capazes de se comportar adequadamente em seu papel de facilitadores. Se um facilitador rouba a cena, os verdadeiros atores ficam constrangidos quanto a plena execução do seu trabalho, causando uma inversão de propósitos. Seria como um treinador de futebol entrar no campo para tentar fazer o gol.

4.2 Habilidade para Lidar com Pessoas

A qualidade de *Habilidade para Lidar com Pessoas*[6] (*People Skills*) é comumente associada àquele tipo de pessoa que é extrovertida e envolvente e, frequentemente, o centro das atenções. Até certo ponto, as organizações esperam que os gestores, especialmente os bons, se encaixem neste estereótipo. No entanto, a experiência tem demonstrado que gestores podem ter personalidades bem diferentes, até mesmo completamente opostas ao tipo descrito acima e, ainda assim, ser muito bem sucedidos.

Complementando esta expectativa está a noção de que os gestores devem dominar temas referentes a traços de personalidade, percepções, suposições, influência, *feedback*, fatores motivacionais, dinâmicas de grupo, poder e política. É como se os gestores também tivessem que ser psicólogos, a fim de melhor analisar e interagir com seus reportes diretos e outros interessados (*stakeholders*).

Entretanto, um princípio simples, nobre e extremamente eficaz que os gestores podem adotar para lidar com a questão de interação humana é a *Regra de Ouro*[7].

A Regra de Ouro, para quem não se lembra, é o princípio que diz que se deve tratar os outros como, ou melhor do que, gostaríamos de ser tratados. Não é sem razão que este princípio tem sido repetidamente enfatizado ao longo da história humana por todas as religiões. A pena é que não só parece que esta regra, na maioria das vezes, caiu em ouvidos desatentos, mas também parece que muitos acreditam que não se aplica ao contexto de trabalho. Contudo, definitivamente, este não é o caso.

A realidade é que todo ser humano merece ser tratado com respeito, cortesia, bondade e justiça, independentemente do contexto. Assim devem gestores tratar reportes diretos e todos com quem tem contato, bem como devem demandar comportamento idêntico de qualquer das partes interessadas (*stakeholders*) sobre as quais têm autoridade.

O ônus do sucesso dos relacionamentos repousa principalmente sobre os gestores por causa de sua autoridade. O fato de haver uma autoridade formal faz com que os outros se relacionem com eles com certa deferência. Acima de tudo, os reportes diretos estão em uma posição em que formalmente sujeitam-se a exercer um autopoliciamento. O mesmo não acontece com os gestores, o que pode, infelizmente, levar alguns a relaxar em sua responsabilidade de exercer autocontrole. Consequentemente, gestores muitas vezes são aqueles que estabelecem o tom das interações, enquanto os reportes diretos, como receptores, geralmente tentam, pelo menos de início, manter uma atitude positiva ou neutra. Normalmente, os receptores, especialmente num contexto de diferença em graus, tendem a reagir de acordo com o agente que inicia a interação. Por exemplo, se alguém demonstra amor, o outro tende a responder com amor e cooperação. Por outro lado, se a pessoa demonstra ódio, o outro tende a retribuir com ódio e oposição.

Deve-se notar que no âmago da Regra de Ouro está o princípio de justiça.

> *...Se teus olhos estiverem volvidos para a justiça, escolhe tu para teu próximo o que para ti próprio escolhes.*[8]
>
> Bahá'u'lláh

Como é possível harmonizar múltiplas necessidades e capacidades, lidar com conflitos, criar confiança, comunicar-se corretamente e valorizar diversidade, sem exercitar justiça? Onde há justiça, não há espaço para política, agendas ocultas (segundas intenções), jogos de culpa (trocas de acusações), briga por poder, manipulação, coerção e assim por diante. Com justiça, não há espaço para discriminação entre os reportes diretos, pares, superiores, clientes, fornecedores e outros, nem entre si mesmo e todo mundo mais.

Gestores justos, independentemente de sua personalidade, não têm problema algum em suas interações com reportes diretos. Eles podem ser extrovertidos ou introvertidos, divertidos ou sérios. Enquanto forem capazes de tratar os outros usando a Regra de Ouro, o elemento de seu trabalho que lida com a interação humana pode ser satisfatoriamente abordado. Na verdade, a capacidade das pessoas de trabalhar em cooperação, aumenta com o exercício da justiça.

Ainda que ele ou ela não se torne um amigo próximo de todos, certamente, todo mundo terá o maior prazer em trabalhar com um gestor justo.

4.2.1 Justiça

Sendo a organização um sistema, e um sistema, um conjunto de partes interdependentes, onde as partes contribuem e se beneficiam do todo, o poder da justiça é essencial para harmonizar as diversas necessidades individuais e do grupo. Além disso, sendo as organizações sistemas dentro de outros sistemas, essa interdependência é estendida e a justiça deve ser exercitada para harmonizar as necessidades dos outros fora de cada organização. Assim, a justiça tem a função essencial de unificar a sociedade.

> *O propósito da justiça é fazer aparecer a unidade entre os homens.*[9]
>
> Bahá'u'lláh

Ainda assim, em gestão, insuficiente atenção tem sido dada à questão da justiça. Para dizer o mínimo, a forma como o assunto tem sido tratado fica aquém de sua importância para os seres humanos, organizações e sociedade.

Embora algumas instituições acadêmicas dediquem um pouco mais de atenção a esta questão do que o mundo prático, também estão aquém de liderar uma discussão significativa sobre o papel da justiça e suas implicações.

No mundo acadêmico, o tópico tem sido mais uma preocupação dos pesquisadores do que uma característica relevante em cursos de gestão. Em geral, os cursos de gestão abordam brevemente, isso quando o fazem, o tema da justiça através do ensino das seguintes perspectivas[10]:

1. *Justiça Distributiva* - Da administração de recompensas e penalidades de acordo com a posição hierárquica de cada indivíduo na organização. Relaciona-se com a designação de trabalho e as disposições para realizá-lo, bem como aos entregáveis produzidos.

2. *Justiça Procedimental* - Do grau de transparência no processo de administração de recompensas e penalidades em toda a organização.

3. *Justiça Interativa* - Do nível de justiça distributiva e procedimental recebido e/ou compreendido de fato por cada indivíduo.

Como resultado, os estudos acadêmicos sobre o assunto não têm sido facilmente transferíveis para o mundo prático. De um modo geral, é concedida aos gestores uma considerável liberdade para operacionalizar, ou não, justiça de acordo com sua consciência individual, com base em sua visão particular de ser humano e de sociedade. Essa liberdade só é guiada ou restringida, na medida em que as leis da sociedade penetram suas organizações.

Uma vez que na gestão a justiça pode ser manifestada em todas as decisões e revelada em cada função, à medida que gestores se esforçam para facilitar o trabalho coletivo, a força unificadora da justiça deve ser sempre empregada. Assim, no dia-a-dia da gestão, a justiça deve ser adicionalmente considerada, discutida e praticada a partir do ponto de vista de sua finalidade e implicações, tanto a nível individual como coletivo.

- "A nível individual, a justiça é aquela faculdade da alma humana que permite a cada pessoa distinguir a verdade da mentira."

- "A nível de grupo ... a justiça é a expressão prática da consciência de que, na conquista do progresso humano, os interesses do indivíduo e os da sociedade* estão inseparavelmente ligados."

A justiça é o único poder que pode traduzir a consciência emergente da unidade da raça humana em uma vontade coletiva através da qual as estruturas necessárias à vida comunitária global poderão ser erigidas com confiança. Uma época que vê os povos do mundo tendo acesso crescente a todos os tipos de informação e a uma diversidade de ideias irá descobrir que a justiça se afirma como o princípio governante da organização social bem-sucedida. Com uma frequência cada vez maior, as propostas que visam ao desenvolvimen-

---

* O conceito de organização pode ser visto de forma análoga ao conceito de sociedade.

to do planeta terão de submeter-se à luz imparcial dos padrões exigidos pela justiça.

A nível individual, a justiça é aquela faculdade da alma humana que torna cada pessoa capaz de distinguir entre a verdade e a falsidade. Aos olhos de Deus, assegura Bahá'u'lláh, a justiça é a mais amada de todas as coisas, pois permite que cada indivíduo veja com seus próprios olhos e não através dos olhos de outros, conheça através de seu próprio conhecimento e não por intermédio do conhecimento de seus semelhantes ou do grupo. A justiça pede imparcialidade de julgamento e equidade no tratamento dispensado aos outros, sendo, portanto, uma companheira constante, ou mesmo uma exigência, na vida cotidiana.

A nível de grupo, o respeito à justiça é a bússola indispensável para a tomada coletiva de decisões, porque é o único meio pelo qual pode-se alcançar uma unidade de pensamento e ação. Longe de encorajar o espírito punitivo que com tanta frequência mascarou-se sob seu nome em épocas passada, a justiça é a expressão prática da percepção de que, na conquista do progresso humano, os interesses do indivíduo e os da sociedade estão inseparavelmente ligados. À medida que a justiça se torna uma consideração orientadora das interações humanas, encoraja-se um clima de consulta que permite o exame desapaixonado das opções e a escolha adequada dos cursos de ação. Em uma *atmosfera como essa, é bem menos provável que as eternas tendências à manipulação e ao sectarismo possam defletir o processo de tomada de decisões.[11]*

Comunidade Internacional Bahá'í

4.2.2 Consulta

Consulta é um método de tomada de decisão de grupo específico para operacionalizar justiça. Através dela, a manifestação da justiça, tanto a nível individual quanto de grupo, atinge um novo patamar.

Fundamental para a tarefa de reconceitualização do sistema de relações humanas é o processo a que Bahá'u'lláh se refere como consulta. "Em todos os assuntos é necessário consultar", é Seu conselho. "A maturidade do dom da compreensão manifesta-se através da consulta.".

O padrão de busca da verdade exigido por esse processo está muito além dos atuais padrões de negociação e compromisso que, em geral, caracterizam a discussão dos assuntos humanos em nossa época. Esse padrão não pode ser alcançado - na realidade, sua consecução é severamente limitada - pela cultura de protesto que é outra característica dominante da sociedade contemporânea. A controvérsia, a propaganda, o método antagonístico, o inteiro aparato do partidarismo que há longo tempo caracterizam a ação coletiva são todos fundamentalmente prejudiciais ao seu propósito: isto é, chegar a um consenso sobre a verdade de uma dada situação e à escolha da ação mais sábia dentre as opções disponíveis num dado momento.

O que Bahá'u'lláh indica é um processo consultivo no qual os participantes se empenhem por transcender seus pontos de vista individuais, a fim de funcionarem como membros de um corpo com, interesses e objetivos próprios. Em tal atmosfera, caracterizada por sinceridade e cortesia, as ideias não pertencem à pessoa a quem essas ocorrem durante a conversa e sim ao grupo como um todo, para que ele as aceite, rejeite ou revise, como melhor lhe parecer para servir ao objetivo em vista. A consulta tem sucesso na medida em que todos os participantes apoiam as decisões acordadas, independentemente das opiniões individuais que tinham ao iniciarem os trabalhos. Sob tais circunstâncias, uma decisão anterior pode ser reconsiderada prontamente se a experiência demonstrar quaisquer limitações.

Vista sob essa luz, a consulta é a expressão operacional da justiça nos assuntos humanos. A consulta é tão vital para o sucesso do esforço coletivo que deve tomar-se uma das características básicas de toda estratégia viável de desenvolvimento socioeconômico. Com efeito, a participação das pessoas, de cujo compromisso e empenho depende o sucesso dessa estratégia, só se toma eficaz quando fazemos da consulta o princípio organizador de todo projeto. "Homem algum pode alcan-

çar sua verdadeira posição", é o conselho de Ba-há'u'lláh, "exceto através de sua justiça. Nenhum poder existe a não ser através da unidade. Nenhum conforto e bem-estar podem ser alcançados salvo através da consulta".[12]

Comunidade Internacional Bahá'í

Uma observação merece ser feita referente a conflito, o qual, a exemplo de competição, algumas pessoas acreditam ser algo positivo. Elas argumentam que o conflito é o melhor, e talvez o único, remédio para um problema como Groupthink*. A lógica é que conflito tira as pessoas de sua zona de conforto e força-as a atingir um nível de desempenho que, de outra maneira, jamais alcançariam. Além do fato de que quase todas as pessoas sentem-se profundamente desconfortáveis, se não doentes do estômago, em situações de conflito e, portanto, quase ninguém parece sair conscientemente criando contenda ou brigas nas organizações, conflito é, em verdade, destrutivo. Mesmo que um conflito, independentemente de sua intensidade, seja capaz de criar qualquer benefício, ao longo do caminho, ele subtrai mais do que adiciona. No final de cada processo conflituoso, o saldo final é sempre negativo. Isto dito, há, contudo, uma verdade encerrada na necessidade de testar opiniões diferentes.

A brilhante fagulha da verdade só aparece depois do choque de opiniões diferentes.[14]

'Abdu'l-Bahá

---

* Expressão criada para explicar consenso de grupo quanto a uma má proposição que objetiva evitar desunião. Mais sobre Groupthink, ver notas finais número 13.

A principal diferença que caracteriza este "choque de opiniões diferentes" em consulta, comparado com o choque que acontece em um conflito habitual, é que o primeiro tem lugar no contexto de unidade, enquanto o último é resultado de partes em oposição. Em outras palavras, o conflito só acontece porque lados contrários lutam uns contra os outros, mas quando não há lados, quando há apenas uma entidade, conflito não tem como existir.

Esta impossibilidade é facilmente observada em uma situação onde, sozinho, um indivíduo explora e compara diferentes alternativas. A menos que o indivíduo esteja mentalmente doente, não ficará ofendido, chateado ou lutará consigo mesmo.

Assim, se a consulta é realizada corretamente, se o ego não estiver envolvido, se "as ideias pertencem ao grupo", o grupo funciona como um único indivíduo explorando diferentes opções.

Consequentemente, a consulta é um método de tomada de decisão de grupo que pode tornar a gestão fácil.

- É perfeita para gestão partilhada.
- Contribui com a execução de todas as funções de gestão.
- Aperfeiçoa a habilidade dos gestores de lidar com as pessoas.
- Vai além do empoderamento e envolvimento de reportes diretos.

- Cria confiança e colaboração; e, um ambiente de trabalho saudável torna-se a norma.

- Gera sinergia, o que aumenta a criatividade, acerto das decisões e sucesso na implementação.

- Transforma as organizações em sistemas de alto desempenho.

4.3 Organização Pessoal

Na natureza, tudo o que está progredindo está organizado. Por outro lado, desorganização e caos, em uma fase mais avançada, é sinal de que algo não está bem e pode estar a caminho de falhar ou perecer.

Mesmo nossas realidades internas e sociais estão sujeitas à organização. Considere, por exemplo, nossos pensamentos. O que podemos produzir, se nossos pensamentos não estão organizados? Precisamos de palavras organizadas para formular pensamentos, e pensamentos organizados para viver bem. Até imagens individuais que podemos gerar em nossas mentes são realidades compostas organizadas. Assim, quanto mais organizada a associação de elementos e ideias, mais complexa e avançada a realidade pode ser.

Algumas pessoas parecem estar inclinadas a acreditar que ordem inibe criatividade, mas não é este o caso. Na verdade, a criatividade é mais bem estimulada ao se refletir profundamente sobre questões, ampliando o conhecimento da realidade.

A origem dos ofícios, das ciências e artes é o poder da reflexão.[15]

Bahá'u'lláh

Logo, a questão de organização deve ser de suma importância para os gestores como indivíduos, assim como é para o funcionamento institucional. A posição gerencial exige o emprego de uma combinação de diversas medidas para lidar com múltiplos elementos em um estado de interação dinâmica. Se um gestor não é organizado, ele ou ela muito provavelmente não será capaz de lidar com a complexidade de seu trabalho e vai acabar "perdido" no meio de um sistema orgânico.

Gestores devem ser organizados interna e externamente. Seus pensamentos, agendas, mesas, arquivos e assim por diante, tudo deve estar organizado. Se ele ou ela não pode organizar as coisas que estão em sua esfera pessoal, como esperar que tal pessoa possa organizar grupos de trabalho, que vão desde pequenas unidades a grandes corporações? Consequentemente, Organização Pessoal deve ser uma das qualidades mais aparentes de um gestor.

A falta de tempo de um gestor pode estar ligada a diversos fatores, mas em última análise é proporcional a seu nível de organização. Para auxiliar os gestores a lidar com esta questão, temas como gestão de tempo, autogestão, produtividade pessoal e equilíbrio trabalho-vida pessoal têm sido desenvolvidos. Embora muitas destas matérias abordem assuntos que vão além do tema de organização, a questão da ordem é, ou deveria ser, o ponto central.

Sendo este o caso, uma ferramenta simples, mas poderosa que pode ajudar muito os gestores com organização pessoal, é a agenda. Evidentemente, uma vez que uma agenda foi montada, esta deve ser seguida. Ser disciplinado é fundamental. Além disso, estruturas bem concebidas podem ser muito úteis. Muitos veem a estrutura organizacional como um determinante de comportamento[16]. Este entendimento pode não ser cem por cento verdadeiro, mas ao estabelecer boas linhas de relações, a estrutura torna a vida dos gestores mais fácil.

O ideal é que a qualidade de organização pessoal seja adquirida durante a formação do indivíduo, mas se tal oportunidade não foi aproveitada, ainda é possível, com determinação, desenvolvê-la em um estágio mais avançado da vida.

Seja qual for o caso, com ou sem o auxílio de ferramentas e metodologias de gestão, auto-organização, como qualquer outra qualidade, tem de se tornar parte da filosofia de vida. Quando abraçada, deve ser manifestada no trabalho e em todas as outras esferas da vida. Esta é a única maneira de um gestor manter-se organizado.

4.4 Pensador

Conforme mencionado anteriormente no tópico de Esfera de Trabalho Intrapessoal, uma parte significativa do trabalho de gestão é intelectual por natureza. Ou seja, é abstrato, em vez de ser facilmente perceptível pelos sentidos. Assim, gestores não podem simplesmente confiar em raciocínio rápido e sentimentos para tratar adequadamente trabalho intelectual, especialmente em ambientes complexos e fluidos.

Para atingir o nível adequado de consideração exigido por muitos aspectos de seu trabalho, gestores precisam alocar tempo para reflexão. Podem se beneficiar ainda mais se derem um passo além e também abraçarem a prática da meditação[*].

Reflexão e meditação são, por vezes, usadas como sinônimos. Entretanto, aqui está sendo feita uma distinção de grau entre as duas. A reflexão é um estado mais facilmente acessível da mente em que se considera um assunto com cuidado, enquanto a meditação vai mais além e leva a uma condição de profunda concentração, onde não se permite que os sentidos sejam uma distração.

Para entender melhor o funcionamento de reflexão e meditação, é preciso considerar uma realidade humana que vai além da nossa existência física[17].

Por exemplo, algumas pessoas acreditam que não usamos cem por cento do nosso cérebro e, portanto, potencialmente temos muito mais capacidade do que o que realmente utilizamos. Embora seja verdade que a maioria de nós não aproveita nossa plena capacidade, a razão para essa subutilização não está relacionada com o cérebro como órgão. Isto é devido a não se colocar suficiente, ou

---

[*] Existem diferentes abordagens de meditação. Nas extremidades opostas do espectro, uma abordagem tenta esvaziar a mente, enquanto a outra se envolve em uma conversa profunda com o próprio espírito.

nenhuma, perguntas ao nosso espírito através da faculdade de meditação.

> *O próprio espírito do homem se informa e fortalece durante a meditação; através dela, assuntos que o homem desconhecia inteiramente lhe são revelados.*

> *...Esta faculdade faz manifestarem-se do plano visível as ciências e as artes. Mediante a faculdade de meditação, as invenções tornam-se possíveis, empreendimentos colossais são executados, os governos podem administrar facilmente.*[18]

> 'Abdu'l-Bahá

Isto não significa que os gestores devem parar para refletir ou meditar toda vez que lidam com trabalho abstrato. Significa que devem, ocasionalmente, ter tempo para estas atividades, a fim de tentar aprofundar a compreensão de realidades particulares que estão continuamente mudando.

Por exemplo, quando gestores encontram um novo conceito ou estão analisando as operações, desenvolvendo uma estratégia ou à procura de uma solução para um problema, podem dedicar algum tempo para refletir ou meditar sobre estas questões. Seria útil que fizessem isso antes de entrar em consulta com outros. Isto significa que a consulta e a reflexão ou meditação não devem ser utilizadas de modo excludente. Ao contrário, devem se complementar.

Nem reflexão nem meditação exige processo ou técnica sofisticada, mas melhoram com a prática. Basicamente, reflexão e meditação podem ser realizadas concentrando-se em temas específicos, explorando esses temas com perguntas colocadas ao próprio espírito e recebendo respostas deste. Ambos os poderes se beneficiam de silêncio e isolamento, uma vez que, como mencionado acima, para chegar a um estado de meditação é preciso retirar completamente a atenção do mundo objetivo.

Como tal, tempo para reflexão e/ou meditação deve ser incluído na agenda dos gestores ou programado para outra hora (mais conveniente) do dia, mesmo que seja para a hora de dormir. Gestores não necessitam se tornar filósofos, mas devem estar dispostos a desenvolver o hábito de refletir e, possivelmente, de meditar. É bem possível que reflexão e meditação tenham o poder de ajudar, em muito, gestores a treinar suas mentes e a diminuir seu *Knowing-doing Gap*.

---

* Lacuna entre o que se sabe e que se coloca em prática. Mais sobre *Knowing-Doing Gap*, ver nota finais número 19.

Rumo a Uma Nova Era

À primeira vista, pode parecer que *A Ciência e o Espírito da Gestão* dedica muito mais atenção ao aspecto científico da disciplina do que ao espírito que deve animá-la. Contudo, este não é o caso. Ao invés de compartilhar ideias em um formato de difícil visualização prática, em grande parte, o livro apresenta o espírito da gestão através de sua aplicação. Assim, à medida que o livro explica o exercício da gestão, ele coloca a profissão em conformidade com a natureza mais elevada dos seres humanos e com o verdadeiro propósito das organizações.

Por exemplo, tanto a definição de gestão, como o esforço de facilitar a produção coletiva de entregáveis, quanto à descrição das funções que os gestores devem realizar, estão imbuídos de um espírito que reflete a realidade dos seres humanos como seres sociais. Tal ponto de vista é o resultado de um paradigma que reconhece o gestor como um dos muitos componentes interdependentes de um sistema social orgânico. Consequentemente, as organizações só podem chegar a um estado de plenitude quando seus diversos componentes se integrarem completamente.

Como resultado, este paradigma opõe-se a uma postura ditatorial por parte dos gestores e, simultaneamente, ajusta a ênfase que é atualmente colocada em líderes no contexto da profissão. Não aceita a exploração de muitos para o benefício de poucos, porque assume que uma força motriz egoísta está em contradição com a própria essência da organização e do trabalho de equipe como um empreendimento conjunto voltado para o bem-estar coletivo. Assim, ao aceitar a realidade da unicidade da humanidade, gestores contribuem para o processo com espírito de serviço.

Tal abordagem de gestão requer que gestores sejam implacáveis defensores da justiça e possuidores de qualidades positivas, como veracidade, humildade e cortesia. Em um sentido mais amplo, o movimento rumo a uma nova era de gestão exige que as relações humanas sejam "reconceitualizadas", que encontremos uma nova, mais elevada maneira de interagir.

> *O segundo atributo da perfeição é justiça e imparcialidade. Isto significa não ter consideração alguma pelos benefícios pessoais e vantagens egoístas... Significa considerar o bem-estar da comunidade como o seu próprio. Significa, em resumo, considerar a humanidade como um único indivíduo e a si mesmo como um membro dessa forma corpórea e saber, de maneira convicta, que se dor ou injúria aflige qualquer membro daquele corpo, isto inevitavelmente resulta em sofrimento para todo o resto.*[1]

'Abdu'l-Bahá,

É homem, verdadeiramente, quem hoje se dedica ao serviço de toda a humanidade.[2]

Bahá'u'lláh

Notas

Tanto quanto é do conhecimento do autor, muitos dos temas deste livro são apresentados de forma inovadora. Por conseguinte, a maior parte das referências se destina a servir, principalmente, como exemplos de obras complementares ou alternativas.

Introdução

1. Para *Escola Clássica*, ver, por exemplo, Fayol, Henri. *General and Industrial Management*. Translated from the French Edition (Dunod) by Constance Storrs. Martino Publishing, 2013. Print.

    Ver também Thompson, Clarence B. - Editor. *Scientific Management: A Collection of the Most Significant Articles Describing the Taylor System of Management*. Harvard Business Press, 1914.
    http://archive.org/details/scientificmanage00thomuoft

    Ver também Urwick, L. *The Function of Administration - With Special Reference to the Work of Henri Fayol*. A Lecture Delivered Before the Institute of Industrial Administration, 13th November 1934. In: Papers on the Science of Administration. Institute of Public Administration. The Rumford Press. 1937.
    http://archive.org/stream/papersonscienceo00guli/papersonscienceo00guli_djvu.txt

2. Referente a clareza de definições, ver, por exemplo, prefácio de Urwick, L. para Henri Fayol's *General and Industrial Management*. Translated from the French Edition (Dunod) by Constance Storrs. Martino Publishing, 2013. Print.

3. Ver Bennis, Warren and O'Toole, James. *How Business Schools Lost Their Way*. Harvard Business Review. From the May 2005 issue.
    https://hbr.org/2005/05/how-business-schools-lost-their-way

Notas

Ver também Barker, Richard. *The Big Idea: No, Management Is Not a Profession.* Harvard Business Review. From the July 2010 issue.
https://hbr.org/2010/07/the-big-idea-no-management-is-not-a-profession

Ver também Holland, Kelley. *Is It Time to Retrain B-Schools?* Harvard Business School, on the Charles River. Its dean wants more focus on managing risk. Published: March 14, 2009.
http://www.nytimes.com/2009/03/15/business/15school.html?pagewanted=all&_r=0

4. Comunidade Internacional Bahá'í. *Rethinking Prosperity: Forging Alternatives to a Culture of Consumerism.* Contribution to the 18th Session of the United Nations Commission on Sustainable Development.
http://www.bic.org/statements/rethinking-prosperity-forging-alternatives-culture-consumerism

Capítulo 1

1. Ver 'Abdu'l-Bahá. *Some Answered Questions* (48: The Difference Existing Between Man and Animal). Collected and Translated by Laura Clifford Barney. Wilmette, IL: Bahá'í Publishing Trust, 1987. Print.
Digital: http://reference.bahai.org/en/t/ab/SAQ/
(Edição em português: 'Abdu'l-Bahá. *Respostas a Algumas Perguntas*; Editora Bahá'í do Brasil.)

2. Ibid., (36: The Five Aspects of Spirit).

3. Ver 'Abdu'l-Bahá. *Tablet to August Forel.* Original Persian text first published Cairo 1922. This translation taken from The Bahá'í World, Vol. XV, pp. 37-43. George Ronald Publishers, 1978.
http://reference.bahai.org/en/t/ab/TAF/)
(Edição em português: 'Abdu'l-Bahá. *Epístola ao Dr. August Forel*; Editora Bahá'í do Brasil.)

Capítulo 2

1. Mooney, James D. *The Principles of Organization*. In: Papers on the Science of Administration. Institute of Public Administration. The Rumford Press, 1937.
   http://archive.org/stream/papersonscienceo00guli/papersonscie
   nceo00guli_djvu.txt

2. Para *Subordinação do Interesse Individual ao Interesse Geral*, ver Fayol, Henri. *General and Industrial Management*. Translated from the French Edition (Dunod) by Constance Storrs. Martino Publishing, 2013. Print.

3. Comunidade Internacional Bahá'í. *A Prosperidade da Humanidade*. Statement Library. 1995.
   https://www.bic.org/statements/prosperidade-da-humanidade

4. Ibid.

Capítulo 3

1. Para *Divisão de Trabalho*, ver, por exemplo, Gulick, L. *Notes on the Theory of Organization*. In: Papers on the Science of Administration. Institute of Public Administration. The Rumford Press, 1937.
   http://archive.org/stream/papersonscienceo00guli/papersonscie
   nceo00guli_djvu.txt

2. Para *Funções de Gestão* (*Elements of Management*), ver, por exemplo, Fayol, Henri. *General and Industrial Management*. Translated from the French Edition (Dunod) by Constance Storrs. Martino Publishing, 2013. Print.

3. Para *Liderança*, ver também Bahá'u'lláh, Abdu'l-Bahá, Shoghi Effendi, and Universal House of Justice. *Unlocking the Power of Action*. Complied by Research Department of the Universal House of Justice.
   http://bahai-library.com/compilation_unlocking_power_action

Notas

Ver também Barnard, Chester I. *The Functions of the Executive*. 30th Anniversary Edition. Harvard University Press, 1971. Print.

4. Para *"Cobiça por Liderança"* (Lust of Leadership), ver Bahá'u'lláh. *The Kitáb-i-Íqán*. Translated by Shoghi Effendi. Wilmette, IL: Bahá'í Publishing Trust, 1983. Print.
Digital: http://reference.bahai.org/en/t/b/KI/
(Edição em português: Bahá'u'lláh. *Kitáb-i-Íqán, O Livro da Certeza*; Editora Bahá'í do Brasil.)

5. 5. From a letter dated 17 February 1933 written on behalf of Shoghi Effendi, published in Conservation of the Earth's Resources. Compiled by the Research Department of the Universal House of Justice. Mona Vale: National Spiritual Assembly of the Bahá'ís of Australia, pg.21-22, 1989. Print.

6. Bahá'u'lláh. *The Hidden Words*. Wilmette, IL: Bahá'í Publishing Trust, 1994. Print.
Digital: http://reference.bahai.org/en/t/b/HW/
(Edição em português: Bahá'u'lláh. *As Palavras Ocultas*; Editora Bahá'í do Brasil. Impresso.)

7. 'Abdu'l-Bahá. *Paris Talks*. London: Bahá'í Publishing Trust, 1995, p. 152. Print.
Digital: http://reference.bahai.org/en/t/ab/PT/
(Edição em português: 'Abdu'l-Bahá. *Palestras de 'Abdu'l-Bahá em Paris*; Editora Bahá'í do Brasil. Impresso.)

8. Para *Autoridade*, ver, por exemplo, *"Authority and Responsibility"*, *"Unity of Command"*, and *"Unity of Direction"* in Fayol, Henri. *General and Industrial Management*. Translated from the French Edition (Dunod) by Constance Storrs. Martino Publishing, 2013. Print.

9. Bahá'u'lláh. *The Kitáb-i-Aqdas*. Haifa, Israel: Bahá'í World Centre, 1992. Print.
Digital: http://reference.bahai.org/en/t/b/KA/

(Edição em português: Bahá'u'lláh. *O Kitáb-i-Aqdás*; Editora Bahá'í do Brasil. Impresso.)

10. Para *Análise*, ver, por exemplo, Sanvicente, Antonio Z. *Administração Financeira*. 3ª Edição. Editora Atlas, 1987. Impresso.

11. Para *Diagnóstico*, ver, por exemplo, Cummings & Worley. *Organization Development & Change*. 7th Edition. South-Western College - Thomson Learning, 2001. Print.

12. Para *Causas*, ver 'Abdu'l-Bahá. *Some Answered Questions* (80: Real Preexistence). Collected and Translated by Laura Clifford Barney. Wilmette, IL: Bahá'í Publishing Trust: 1987, p. 279. Print.
    Digital: http://reference.bahai.org/en/t/ab/SAQ/
    (Edição em português: 'Abdu'l-Bahá. *Respostas a Algumas Perguntas*; Editora Bahá'í do Brasil. Impresso.)

13. Para *Planejamento*, ver, por exemplo, Fayol, Henri. *General and Industrial Management*. Translated from the French Edition (Dunod) by Constance Storrs. Martino Publishing, 2013. Print.

14. Para *Missão*, ver, por exemplo, Romig, Dennis A.. *Breakthrough Teamwork: Outstanding Results Using Structured Teamwork*. Romig. Performance Research Press, 1996. Print.

15. Para *Visões*, ver, por exemplo, Romig, Dennis A.. *Breakthrough Teamwork: Outstanding Results Using Structured Teamwork*. Romig. Performance Research Press, 1996. Print.

16. A origem do acrônimo SMART não parece estar clara. Ver Morrison, Mike. http://rapidbi.com/history-of-smart-objectives/. Entretanto, muitos atribuem sua criação a Doran, George; Miller, Arthur; Cunningham, James. *There's an S.M.A.R.T. way to write management's goals and objectives*. Management Review 1981, vol. 70, issue 11, pg. 35-6.

Para *Gestão por Objetivos*, ver Peter Drucker.

Notas

17. Para *Políticas*, ver, por exemplo, Cury, Antonio. *Organização e Métodos: Uma Visão Holística.* 7ª Edição. Editora Atlas, 2000. Impresso.

18. Para *Organização*, ver, por exemplo, em Fayol, Henri. *General and Industrial Management.* Translated from the French Edition (Dunod) by Constance Storrs. Martino Publishing, 2013. Print.

    Ver também Gulick, L. *Notes on the Theory of Organization.* See also Mooney, James D. *The Principles of Organization.* Both In: Papers on the Science of Administration. Institute of Public Administration. The Rumford Press, 1937. http://archive.org/stream/papersonscienceo00guli/papersonscienceo00guli_djvu.txt

    Ver também Cury, Antonio. *Organização e Métodos: Uma Visão Holística.* 7ª Edição. Editora Atlas, 2000. Impresso.

19. Para *Coordenação*, ver, por exemplo, Urwick, L. *Organization as a Technical Problem.* Based on a paper read to the department of industrial co-operation of the British Association for the Advancement of Science, Leicester, September j, 1933. See also Follett, Mary Parker. *The Process of Control.* The final lecture in a series delivered at the London School of Economics in 1932. Both in: Papers on the Science of Administration. Institute of Public Administration. The Rumford Press, 1937. http://archive.org/stream/papersonscienceo00guli/papersonscienceo00guli_djvu.txt

20. Para *Monitoramento*, ver, por exemplo, "Control" em Fayol, Henri. *General and Industrial Management.* Translated from the French Edition (Dunod) by Constance Storrs. Martino Publishing, 2013. Print.

21. Para *Revião de Desempenho* (Appraisal), ver, por exemplo, *Performance Appraisal.* Wikipedia, The free Encyclopedia. http://en.wikipedia.org/wiki/Performance_appraisal

Ver também Bersin, J. *Time to Scrap Performance Appraisals?* Forbes.com, 2013.
http://www.forbes.com/sites/joshbersin/2013/05/06/time-to-scrap-performance-appraisals/

22. Para *Apoio* (apenas "Empowerment"), ver Bahá'í International Community. *Empowerment as a Mechanism for Social Transformation.* Contribution to the 51st Session of the Commission for Social Development. 15 November 2012, New York.
http://www.bic.org/statements/empowerment-mechanism-social-transformation

Apenas para "Empoderamento", ver também Romig, Dennis A.. *Breakthrough Teamwork: Outstanding Results Using Structured Teamwork.* Romig. Performance Research Press, 1996. Print.

23. Para *Modelagem Cultural*, ver, por exemplo, "Subordination of Individual Interest to General Interest" in Fayol, Henri. *General and Industrial Management.* Translated from the French Edition (Dunod) by Constance Storrs. Martino Publishing, 2013. Print.

Capítulo 4

1. Para *Qualidades Pessoais do Gestor*, ver 'Abdu'l-Bahá. *The Secret of Divine Civilization.* Wilmette, IL: Bahá'í Publishing Trust, 1990, Print.
Digital: http://reference.bahai.org/en/t/ab/SDC/
(Edição em português: 'Abdu'l-Bahá. *O Segredo da Civilização Divina*; Editora Bahá'í do Brasil. Impresso.)

Ver também Marcic, Dorothy. *Managing with the Wisdom of Love: Uncovering Virtue in People and Organizations.* 1st Edition. Jossey-Bass, 1997. Print.

2. Para *Autodomínio* ("Personal Mastery"), ver, por exemplo, Senge, Peter M. *The Fifth Discipline: The Art and Practice of the Learning Organization.* Doubleday, 1990. Print.

Notas

3. 'Abdu'l-Bahá, cited in *Lights of Guidance: A Bahá'í Reference File*. Compiled by Helen Bassett Hornby. New Delhi, India: Bahá'í Publishing Trust, 1994, pg. 114. Print.
   Digital: http://bahai-education.org/ocean/

4. From a letter written on behalf of Shoghi Effendi to an individual believer, December 10, 1947. *Lights of Guidance*, pg. 113. Print.
   Digital: http://bahai-education.org/ocean/

5. Bahá'u'lláh. *Gleanings from the Writings of Bahá'u'lláh*. Wilmette, IL: Bahá'í Publishing Trust, 1983, pg. 93. Print.
   Digital: http://reference.bahai.org/en/t/b/GWB/
   (Edição em português: Bahá'u'lláh. *Seleção dos Escritos de Bahá'u'lláh*; Editora Bahá'í do Brasil. Impresso.)

6. Para *Habilidade de Lidar com Pessoas*, ver, por exemplo, Luft, Joseph. *Group Process: An Introduction to Group Dynamics*. Joseph Luft, 1984. Print.

7. Para *Regra de Ouro* (Golden Rule), see Wikipedia:
   http://en.wikipedia.org/wiki/Golden_Rule
   Ou ver *Ética da Reciprocidade*:
   http://pt.wikipedia.org/wiki/%C3%89tica_da_reciprocidade

8. Bahá'u'lláh. *Epistle to the Son of the Wolf*. Wilmette, IL: Bahá'í Publishing Trust, 1988, pg. 29. Print.
   Digital: http://reference.bahai.org/en/t/b/ESW/

9. Bahá'u'lláh. *Tablets of Bahá'u'lláh*. Wilmette, IL: Bahá'í Publishing Trust, 1988, pg. 66. Print.
   Digital (*Tablets of Bahá'u'lláh Revealed After the Kitáb-i-Aqdas*): http://reference.bahai.org/en/t/b/TB/
   (Edição em português: Bahá'u'lláh. *Epístolas de Bahá'u'lláh*; Editora Bahá'í do Brasil. Impresso.)

10. Para *Justiça Distributiva, Procedimental e Interativa*, ver, por exemplo, Stroh, Linda; Northcraft, Gregory; Neale, Margaret.

Organizational Behavior: A Management Challenge. 3ª Edition. Lawrence Erlbaum Associates, Publishers, 2002. Print.

Ver também *Teoria da Equidade* (Equity theory) - Adams, J. S.. *Toward and Understanding of Inequity.* Journal of Abnormal and Social Psychology, 1963, 67, 422-436. https://apa.org/

11. Bahá'í International Community. *A Prosperidade da Humanidade.* Statement Library. 1995. https://www.bic.org/statements/prosperidade-da-humanidade

12. Ibid.

13. Para *Groupthink,* ver, por exemplo, http://en.wikipedia.org/wiki/Groupthink. Conforme explicado no artigo, o termo "groupthink" foi cunhado por Whyte, William H., Jr.. *Groupthink.* Fortune magazine, March 1952, pg. 114.

14. 'Abdu'l-Bahá. *Selections from the Writings of 'Abdu'l-Bahá.* Haifa, Israel: Bahá'í World Centre, 1982, pg. 87. Print. Digital: http://reference.bahai.org/en/t/ab/SAB/ (Edição em português: 'Abdu'l-Bahá. *Seleção dos Escritos de 'Abdu'l-Bahá*; Editora Bahá'í do Brasil. Impresso.)

15. Bahá'u'lláh. *Tablets of Bahá'u'lláh.* Wilmette, IL: Bahá'í Publishing Trust, 1988, pg. 72. Print. Digital ("Tablets of Bahá'u'lláh Revealed After the Kitáb-i-Aqdas"): http://reference.bahai.org/en/t/b/TB/ (Edição em português: Bahá'u'lláh. *Epístolas de Bahá'u'lláh*; Editora Bahá'í do Brasil. Impresso.)

16. Para o conceito de que "estrutura determina comportamento" (structure drives behavior), ver, por exemplo, Mooney, James D. *The Principles of Organization.* In: Papers on the Science of Administration. Institute of Public Administration. The Rumford Press, 1937.

Notas

http://archive.org/stream/papersonscienceo00guli/papersonscie
nceo00guli_djvu.txt

17. Ver 'Abdu'l-Bahá. *Tablet to August Forel*. Original Persian text first published in Cairo in 1922. This translation taken from The Bahá'í World, Vol. XV, pg. 37-43. George Ronald Publishers, 1978.
Digital: http://reference.bahai.org/en/t/ab/TAF/
(Edição em português: 'Abdu'l-Bahá. *Epístola a Auguste Forel*; Editora Bahá'í do Brasil.)

Ver também, Bahá'u'lláh. *The Summons of the Lord of Hosts*. Bahá'í World Centre, 2002 edition, pg. 154-5: gr35.
Digital: http://reference.bahai.org/en/t/b/SLH/
(Edição em português: Bahá'u'lláh. *O Chamado do Senhor das Hostes*; Editora Bahá'í do Brasil. Impresso.)

18. 'Abdu'l-Bahá. *Paris Talks* (Address by 'Abdu'l-Bahá at the Friends' Meeting House, St Martin's Lane, London, W.C.). London: Bahá'í Publishing Trust, 1995, pg. 174. Print.
Digital: http://reference.bahai.org/en/t/ab/PT/
(Edição em português: 'Abdu'l-Bahá. *Palestras de 'Abdu'l-Bahá em Paris*; Editora Bahá'í do Brasil. Impresso.)

19. Para o conceito *Knowing-Doing Gap* (lacuna entre saber e agir), see, for example, Pfeffer, Jeffrey and Sutton, Robert I. *The Knowing-Doing Gap: How Smart Companies Turn Knowledge Into Action*. Harvard Business School Press, 2000. Print.

Rumo a Uma Nova Era

1. 'Abdu'l-Bahá, *The Secret of Divine Civilization*. Wilmette, IL: Bahá'í Publishing Trust, 1990, Print.
Digital: http://reference.bahai.org/en/t/ab/SDC/
(Edição em português: 'Abdu'l-Bahá. *O Segredo da Civilização Divina*; Editora Bahá'í do Brasil. Impresso.)

2. Bahá'u'lláh. *Tablets of Bahá'u'lláh*. Wilmette, IL. Bahá'í Publishing Trust, 1988, p. 167. Print.
   Digital ("Tablets of Bahá'u'lláh Revealed After the Kitáb-i-Aqdas"): http://reference.bahai.org/en/t/b/TB/
   (Edição em português: Bahá'u'lláh. *Epístolas de Bahá'u'lláh*, Editora Bahá'í do Brasil. Impresso.)

Sobre o Autor

André Faizi Alves é Mestre em Desenvolvimento Organizacional pela Graduate School of Business da Loyola University Chicago (EUA) e é Bacharel em Ciências Econômicas pela UNISINOS - Universidade do Vale do Rio dos Sinos (Brasil). Foi professor de Organização e Sistemas e Métodos e Processos Administrativos na UnB - Universidade de Brasília (Brasil). Destaca-se em sua carreira o trabalho com Tomada de Decisão e Gestão de Equipe, Desenvolvimento Organizacional e Mudança, Gestão Estratégica e Finanças Corporativas. Possui também conhecimento geral significativo na maioria das outras áreas funcionais mais importantes.

O Professor Alves viveu e trabalhou em três continentes, nos setores público e privado, em organizações com e sem fins lucrativos e em indústrias de produção e serviços. Suas realizações incluem inicialização e orquestração de *turnarounds*, participação em muito bem sucedido *startup* e contribuição para o avanço das estratégias, operações e culturas de diversas organizações. Sua experiência profissional também se estende à consultoria e treinamento.

A força motriz por trás de todos esses esforços é a constante dedicação do Professor Alves para servir à sociedade. Essa dedicação também o levou a prestar por muitos anos trabalho humanitário. Em todos os casos, profissionais e não profissionais, ele tem focado seu coração, mente e ações em fazer deste mundo um lugar melhor. No processo de continuar contribuindo para este objetivo, oferece agora este livro - *A Ciência e o Espírito da Gestão* - como forma de ajudar com a questão-chave de administração. Sua esperança é de que este livro acrescente à capacidade dos gestores de contribuir com sua parcela na criação de melhores e mais felizes ambientes de trabalho e, consequentemente, prósperas organizações para todos.

Conteúdo não incluído nesta edição